사진, 글 · 이수영
곤충 전문 사진작가로, 20여 년간 국내외를 다니며 곤충의 세계를 사진으로 기록했습니다.
그동안 《한국곤충생태도감》《한국의 나비》《곤충의 비밀》《우리 아이 호기심을 키워 주는 생생한 곤충 백과》 등
여러 권의 곤충 책을 냈으며, MBC 문화방송에서 〈개똥벌레의 비밀〉〈풀숲의 전쟁〉〈산골마을 곤충일기〉 등
여러 편의 곤충 다큐멘터리도 촬영했습니다. 〈개똥벌레의 비밀〉과 〈야생벌이 산사에 깃든 사연은〉이
제5회 JAPAN WILD LIFE FILM FESTIVAL 아세아 오세아니아 최우수상과 심사위원상을 수상했습니다.
현재 방송, 출판 잡지 등에서 곤충 전문 생태 사진가로 활동하고 있습니다.

감수 · 남상호(대전대학교 생명과학과 교수)
고려대학교 생물학과와 같은 대학교 대학원(이학박사)을 졸업했습니다. 고려대학교 한국곤충연구소
연구원 및 연구교수를 거쳐, 현재 대전대학교 생명과학과 교수로 있습니다.
학회 활동으로 한국곤충학회 회장, 한국생태학회 회장, 한국생물과학협회 회장을 역임하였고,
현재 한국반딧불이연구회 회장을 맡고 있습니다. 그동안 100여 편의 곤충 분야 논문을 발표했으며, 저서로는
《한국동식물도감-곤충편 Ⅷ, Ⅸ》《원색도감 한국의 곤충》《한국곤충생태도감 Ⅴ》《한국의 나비》 등이 있습니다.

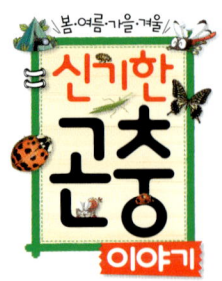

2016년 5월 10일 개정판 1쇄 펴냄
2022년 9월 10일 개정판 6쇄 펴냄

사진, 글 · 이수영
감수 · 남상호(대전대학교 생명과학과 교수)

펴낸이 · 이성호
펴낸곳 · (주)글송이

편집/디자인 · 임주용, 최영미, 한나래, 권빈
마케팅 · 이성갑, 윤정명, 이현정, 김병선, 문현곤, 조해준, 이동준
경영지원 · 최진수, 이인석, 진승현

출판 등록 · 2012년 8월 8일 제2012-000169호
주소 · 서울시 서초구 능안말1길 1 (내곡동)
전화 · 578-1560~1 **팩스** · 578-1562
홈페이지 · www.gsibook.com

ⓒ이수영, 2016

ISBN 979-11-7018-275-7 73490

*이 도서의 국립중앙도서관 출판시도서목록(CIP)은 서지정보유통지원시스템 홈페이지 (http://seoji.nl.go.kr)와
 국가자료공동목록시스템(http://www.nl.go.kr/kolisnet)에서 이용하실 수 있습니다.
 (CIP제어번호: CIP2016009428)

•감수의 글•

자연 속의 곤충을 탐구해요!

우리 주변에는 많은 곤충들이 살고 있습니다. 이러한 곤충들은 계절에 따라 활동하는 종류가 다르게 나타나기도 하고, 종류에 따라 사는 방식도 매우 다양하지요. 곤충들은 저마다 독특한 겉모습과 다양한 생활 방식으로 살아간답니다.

《봄·여름·가을·겨울 신기한 곤충 이야기》에는 다양한 곤충이 소개되어 있어요. 곤충 세계의 궁금증을 해결하는 데 전혀 손색이 없을 정도로 그 내용이 알차게 꾸며졌습니다.

특히 자연 속에서 벌어지고 있는 모습들을 생동감 넘치는 사진으로 표현하여 어린이들이 곤충에 대해 흥미를 느낄 수 있게 합니다. 자연의 세계에 흠뻑 빠져들어서 신비스러운 곤충의 모습을 탐구하는 어린이들의 모습이 떠오릅니다.

어려서부터 자연 현상이나 과학에 대해 흥미를 느끼게 되는 것은 학습 발달에 있어서 매우 중요합니다. 곤충과 친해져 자연을 사랑하는 마음이 자라나면 정서가 풍요로워지는데, 안정된 정서적 기반 위에서 모든 학습 능력이 최고로 발현되는 것이지요.

많은 어린이가 이 책을 읽기 바라며, 그중에서 세계적인 곤충학 박사와 곤충 사진작가가 나오기를 바랍니다.

대전대학교 생명과학과 교수 남상호

• 작가의 글 •

생생한 사진으로 곤충을 만나요!

　곤충 사진을 찍으러 우리나라 곳곳을 다닌 지가 벌써 20여 년이 지나가고 있습니다. 그동안 새로운 곤충이 있으면 어디든지 달려갔고 곤충의 생태를 촬영하느라 숲에서 수없이 많은 밤을 새웠지만, 항상 느끼는 것은 신기하고 놀랍고 재미있다는 것입니다.

　꿈틀꿈틀 애벌레가 번데기로, 번데기가 어른벌레로 탈바꿈하는 곤충의 한살이는 언제 보아도 신기합니다. 각종 감각을 느끼는 더듬이로 냄새를 맡고 애벌레의 먹잇감에 알을 낳는 나비의 생태는 놀라우며, 천적을 피해 살아남기 위해 똥, 낙엽, 나뭇가지, 가시 등으로 위장하는 곤충들의 위장술은 재미있습니다.

　이제 오랫동안 모아온 곤충의 관찰 기록과 생생한 사진을 바탕으로, 곤충의 다양한 종류와 생태를 어린이들의 눈높이에 맞추어 알기 쉽게 봄, 여름, 가을, 겨울 계절별로 엮었습니다.

　여러분이 《봄·여름·가을·겨울 신기한 곤충 이야기》를 손에 들고 들로 산으로 나가서 곤충을 관찰해 보면, 신기하고 놀랍고 재밌는 곤충의 세계를 경험하며 자연과 더 가까워질 것입니다.

　마지막으로 이 책을 엮는 데 큰 힘이 되어 주신 글송이 출판사 여러분과 책 내용을 감수해 주신 남상호 교수님께 감사드립니다.

곤충 전문 사진작가 이수영

1 신기한 곤충의 세계

- 궁금한 곤충의 생김새 · 12
- 암컷과 수컷은 어떻게 다를까요? · 14
- 신기한 곤충의 눈 · 16
- 다양한 곤충의 입 모양 · 18
- 하늘을 날아다니는 곤충 · 20
- 곤충은 어떻게 자랄까요? · 22

2 봄에 만나는 곤충

- 봄날에 태어나는 호랑나비 · 28
- 꽃밭 위의 호랑나비 한 쌍 · 30
- 보석 같은 알, 괴물 같은 애벌레 · 32
- 새싹처럼 태어나는 벼메뚜기 · 38
- 고마운 곤충, 무당벌레 · 40
- 무당벌레는 왜 죽은 척할까요? · 42
- 봄꽃에 날아든 나비들 · 44
- 연못가에서 태어나는 먹줄왕잠자리 · 48
- 멋있는 집을 짓는 벌들 · 50
- 정성껏 애벌레를 돌보는 쌍살벌 · 54
- 용감한 푸토니뿔노린재 · 56

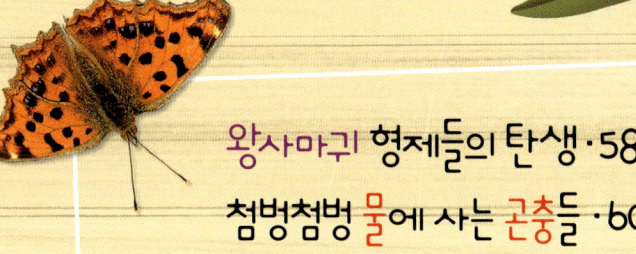

왕사마귀 형제들의 탄생 · 58
첨벙첨벙 물에 사는 곤충들 · 60

봄에 볼 수 있는 곤충들 · 64

3 초여름에 만나는 곤충

예쁜 꽃 속에 숨은 게거미 · 70
숲 속의 재단사, 거위벌레 · 72
새 왕국을 만드는 여왕개미 · 74
일개미들은 무슨 일을 할까요? · 76
밤하늘의 불빛 요정, 반딧불이 · 78
반딧불이 알도 빛을 낼까요? · 80
신기한 반딧불이 실험 · 82
꿈틀꿈틀 초여름의 애벌레들 · 84
곤충들의 숨바꼭질 · 86
계곡에서 태어나는 검은물잠자리 · 90
하늘소가 모여 사는 아파트 · 92
쇠똥을 먹고 사는 곤충들 · 94

초여름에 볼 수 있는 곤충들 · 96

4 여름에 만나는 곤충

- 장수풍뎅이와 사슴벌레의 날개돋이 · 102
- 참나뭇진에 모이는 곤충들 · 104
- 장수풍뎅이와 사슴벌레의 대결 · 106
- 수컷 곤충들의 힘겨루기 · 108
- 이슬을 맞으며 잠자는 곤충들 · 110
- 풀숲 사냥꾼, 왕사마귀 · 112
- 참매미의 날개돋이 · 114
- 모기는 왜 피를 빨까요? · 116
- 개미지옥의 염라대왕, 개미귀신 · 118
- 똥을 흉내 내는 곤충들 · 120
- 벌을 흉내 내는 곤충들 · 122
- 벼메뚜기의 날개돋이 · 124
- 곤충 사냥꾼, 파리매 · 126
- 남의 집을 빼앗는 기생벌 · 128
- 버섯이 된 곤충들 · 130
- 도토리거위벌레의 멋진 묘기 · 132
- 여름에 볼 수 있는 곤충들 · 134

5 가을에 만나는 곤충

- 가을 하늘의 고추잠자리 떼 · 140
- 가을을 알리는 늦반딧불이 · 142
- 톡톡 뛰어다니는 벼메뚜기 · 144
- 숲 속의 풀벌레 오케스트라 · 146
- 귀뚜라미의 합창 연주회 · 148
- 풀무치의 사랑 노래 · 150
- 거품 속에 알을 낳는 왕사마귀 · 152
- 산호랑나비 애벌레의 겨울 준비 · 154
- 가을에 볼 수 있는 곤충들 · 156

6 곤충의 겨울나기

- 알로 겨울을 나는 곤충들 · 162
- 애벌레로 겨울을 나는 곤충들 · 164
- 번데기로 겨울을 나는 곤충들 · 166
- 어른벌레로 겨울을 나는 곤충들 · 168

- 사라져 가는 곤충 – 천연기념물 · 170
- 사라져 가는 곤충 – 멸종위기종 · 172
- 초등 교과 연계 내용 · 175
- 찾아보기 · 176

1 신기한 곤충의 세계

나비, 메뚜기, 사슴벌레, 하늘소, 반딧불이 등 곤충의 종류는 매우 많아요. 종류마다 생김새도 다르고, 먹이도 다르고, 살아가는 모습도 다르지요. 곤충은 산, 들, 강, 땅속은 물론 더운 열대 지방과 추운 극지방 등 지구 어디에나 살고 있답니다. 신기하고 궁금한 곤충의 세계로 들어가 볼까요?

동남아시아 열대 우림에 사는 **꽃잎사마귀**

궁금한 곤충의 생김새

큰 날개가 달려 있는 나비, 큰 뿔이 달려 있는 장수풍뎅이, 길쭉하게 생긴 사마귀 등 모든 곤충은 생김새가 달라요. 하지만 생김새는 달라도 모든 곤충의 몸은 머리, 가슴, 배 세 부분으로 나뉘어 있어요. 머리에는 사람의 코와 귀를 대신하는 더듬이 한 쌍과 눈을 대신하는 겹눈, 홑눈이 있고 먹이를 먹을 수 있는 입이 있지요. 가슴에는 두 쌍(4개)의 날개와 세 쌍(6개)의 다리가 있고, 배에는 숨을 쉬는 숨 구멍이 있답니다.

난 발이 6개지롱!

호랑나비의 몸

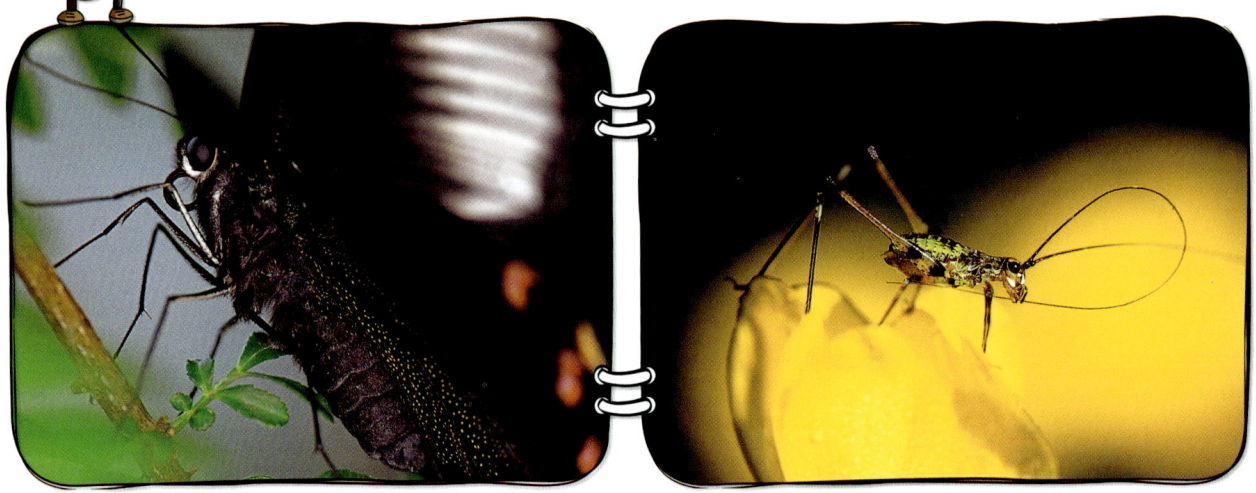

제비나비의 가슴에는 세 쌍의 다리가 달려 있어요.

검은다리실베짱이 애벌레가 더듬이를 깨끗이 청소하고 있어요.

밀잠자리의 몸도 머리, 가슴, 배 세 부분으로 나누어 있어요.

방아깨비는 더듬이로 먹이인 풀을 찾아내지요.

알락하늘소 머리에는 멋진 더듬이가 달려 있어요.

장수말벌은 더듬이로 냄새를 맡고 소리의 진동도 느껴요.

암컷과 수컷은 어떻게 다를까요?

사슴벌레 수컷의 큰턱은 매우 크지만 암컷의 큰턱은 매우 작아요. 그리고 장수풍뎅이 수컷은 긴 뿔이 있지만 암컷은 아예 뿔이 없지요. 또 뿔쇠똥구리 수컷은 머리에 뿔이 나 있지만 암컷은 머리에 뿔이 없답니다. 이처럼 암컷과 수컷의 생김새가 달라 쉽게 구별할 수 있는 곤충들이 있어요. 암컷과 수컷의 구별이 쉬운 곤충을 살펴볼까요?

넓적사슴벌레 수컷 앞으로 길게 뻗은 큰턱이 있어요.

넓적사슴벌레 암컷 큰턱이 있는 듯 없는 듯, 아주 작아요.

머리에 뿔이 달린 뿔쇠똥구리 수컷과 뿔이 없는 암컷

신기한 곤충의 눈

사람의 눈은 얼굴 앞에 있어서 앞쪽과 옆쪽을 볼 수 있어요. 그런데 곤충의 눈은 대부분 머리 양쪽에 달려 있어서 앞쪽부터 뒤쪽까지 거의 모든 방향을 볼 수 있지요.
곤충의 눈을 자세히 살펴보면, 겹눈과 홑눈으로 되어 있어요. 두 개의 겹눈은 아주 작고 수많은 눈이 모여서 벌집처럼 생겼으며, 물건의 모양이나 색을 알아봐요. 세 개의 홑눈은 겹눈 사이에 있으며, 어둡고 밝은 것을 구분한답니다.

곤충이 어떻게 보는지 궁금하지?

• 곤충의 겹눈과 홑눈 •

밀잠자리의 겹눈은 2800~10000개의 눈이 모여 있어요.

겹눈

홑눈

날개띠좀잠자리는 2개의 겹눈으로 모든 방향을 볼 수 있어요.

왕사마귀는 겹눈 사이에 3개의 홑눈이 있어요.

왕파리매는 겹눈이 발달해서 사냥을 잘해요.

•감쪽같은 가짜 눈•

호랑나비 5령 애벌레는 몸에 새겨진 눈알 무늬로 적을 놀라게 해요.

으름밤나방 애벌레는 몸에 있는 뱀의 눈처럼 생긴 눈알 무늬로 적을 위협해요.

노랑무당벌레의 진한 가짜 눈 아래에 있는 희미한 점 2개가 진짜 눈이에요.

부처나비의 날개에는 크고 작은 눈알 무늬가 여러 개 있어요.

다양한 곤충의 입 모양

열점박이노린재는 바늘처럼 뾰족하게 생긴 입으로 열매의 즙을 빨아 먹어요. 나비와 나방의 입은 긴 빨대 모양으로 생겨서 꽃 속에 있는 꿀을 빨아 먹기 편하지요. 씹을 수 있는 입을 가진 사마귀는 다른 곤충을 잡아서 씹어 먹고, 사슴벌레는 털처럼 생긴 혀로 참나무의 진을 핥으며 빨아 먹어요. 이렇게 곤충의 입은 먹이에 따라 모양이 다르게 생겼답니다. 곤충의 입이 어떻게 생겼는지 살펴볼까요?

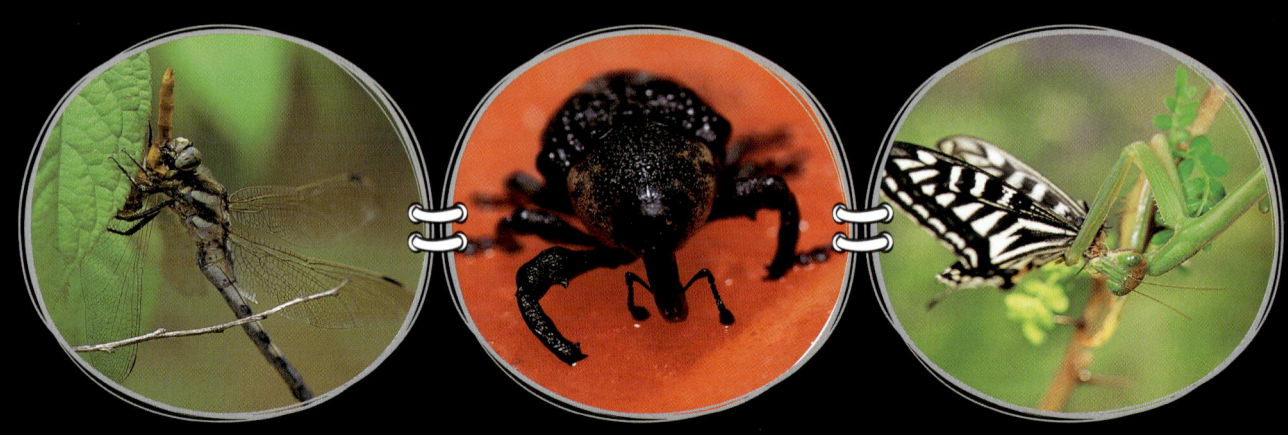

밀잠자리가 작은 잠자리를 씹어 먹고 있어요.

우엉바구미가 수박을 긁어 먹고 있어요.

왕사마귀가 호랑나비를 씹어 먹고 있어요.

풀무치가 짝짓기를 하며 풀잎을 씹어 먹고 있어요.

넓적사슴벌레가 참나무의 진을 핥으며 빨아 먹고 있어요.

열점박이노린재가 열매 즙을 빨아 먹고 있어요.

하늘을 날아다니는 곤충

장수풍뎅이가 두 쌍(4장)의 날개를 활짝 펴고 힘차게 날갯짓을 하고 있어요. 우리 주변에서 흔히 볼 수 있는 나비나 잠자리도 장수풍뎅이처럼 날개가 두 쌍이지요. 파리나 등에, 모기처럼 뒷날개가 퇴화하여 한 쌍(2장)의 날개로 나는 곤충도 있지만, 대부분의 곤충은 가슴에 앞날개와 뒷날개가 한 쌍씩, 모두 두 쌍의 날개가 달려 있어요. 곤충은 날개가 있어서 하늘을 자유롭게 날아다닐 수 있답니다.

무당벌레가 뒷다리로 나뭇잎을 힘껏 차면서 4장의 날개를 활짝 펴고 날아올라요.

된장잠자리가 하늘을 날고 있어요.   호리꽃등에가 2장의 날개로 날고 있어요.

장수풍뎅이는 단단한 앞날개를 활짝 편 후
접혀 있던 뒷날개를 펴서 날아요.

곤충은 어떻게 자랄까요?

동물이 태어나서 죽을 때까지의 과정을 '한살이'라고 해요. 곤충의 한살이는 완전 탈바꿈과 불완전 탈바꿈으로 나뉘어요. 나비, 무당벌레, 사슴벌레, 장수풍뎅이는 알에서 깨어나 애벌레에서 번데기를 거쳐 성충(어른벌레)이 돼요. 이를 '완전 탈바꿈'이라고 하지요. 매미, 사마귀, 노린재는 번데기를 거치지 않고 성충이 되는데, 이를 '불완전 탈바꿈'이라고 해요. 완전 탈바꿈과 불완전 탈바꿈을 관찰해 볼까요?

빨리 자라서 예쁜 나비가 될 거야.

• 배추흰나비의 한살이 - 완전 탈바꿈 •

① 배추흰나비의 알

② 배추흰나비 1령 애벌레 알에서 깨어나 알 껍질을 먹으며 영양분을 얻어요.

③ 배추흰나비 5령 애벌레 곧 허물을 벗고 번데기가 될 거예요.

④ 입에서 토한 실로 몸을 나무에 붙여요.

⑤ 실로 몸을 나무에 고정시켜요.

⑥ 허물을 벗고 번데기가 되었어요.

⑦ 배추흰나비 번데기 나비의 날개 무늬와 색깔이 환히 비쳐요.

⑧ 번데기의 위쪽이 찢어지며 나비의 몸이 빠져나와요.

⑨ 몸이 완전히 빠져나왔어요.

⑩ 날개가 서서히 펴져요.

⑪ 날개가 완전히 펴지고 예쁜 배추흰나비 성충이 되었어요.

•장수풍뎅이의 한살이-완전 탈바꿈•

1 장수풍뎅이의 알

2 장수풍뎅이 1령 애벌레

3 장수풍뎅이 3령 애벌레 이제 허물을 벗고 번데기가 될 거예요.

4 장수풍뎅이 번데기

5 갓 태어난 장수풍뎅이는 아직 등판이 하얘요.

6 시간이 갈수록 등판의 색깔이 변해요.

7 멋진 장수풍뎅이 성충이 되었어요.

하나 둘 셋 하면 찍는다!

•큰광대노린재의 한살이 - 불완전 탈바꿈•

포도알 같은 큰광대노린재의 알

알에서 큰광대노린재 애벌레가 태어나요.

큰광대노린재 애벌레

큰광대노린재 성충은 애벌레 때와 비슷하게 생겼어요.

•왕사마귀의 한살이 - 불완전 탈바꿈•

왕사마귀의 알집

알에서 깨어난 왕사마귀 1령 애벌레

왕사마귀 7령 애벌레

왕사마귀 성충이 태어났어요.

2

봄에 만나는 곤충

봄 햇살이 따뜻해지고 얼음이 녹아 계곡물 흐르는 소리가 들리면, 겨울잠을 자던 곤충들도 서서히 깨어나요. 벌써 계곡 주변의 얼레지 꽃밭에는 애호랑나비가 이 꽃 저 꽃을 날아다니며 꿀을 빨고 있지요. 노란 민들레 꽃밭에는 부지런한 꿀벌들이 날아다니며 꽃꿀을 빨고 꽃가루를 모으고 있어요. 봄이 깊어 갈수록 점점 더 많은 곤충들이 활동을 시작한답니다.

민들레꽃에 날아온 꿀벌

봄날에 태어나는 호랑나비

화창한 봄날 아침, 탱자나무 가지에 매달려 겨울잠을 자던 호랑나비 번데기에서 호랑나비가 태어납니다. 번데기가 움찔하더니 머리 부분이 툭 갈라지면서 나비의 머리와 다리, 날개와 배 부분이 빠져나와요. 번데기 밖으로 나온 나비는 나뭇가지에 매달려 젖은 날개를 활짝 펴지요. 이렇게 곤충의 애벌레나 번데기가 날개 있는 성충이 되는 것을 '날개돋이'라고 해요. 날개돋이 과정은 보통 20분 정도 걸린답니다.

끙~, 내 머리가 큰가 봐!

호랑나비야, 안녕!

• 호랑나비의 날개돋이 •

1. 날개돋이를 시작하려고 하는 **호랑나비 번데기**
2. 번데기의 머리 부분이 갈라졌어요.
3. 갈라진 사이로 나비의 머리가 살짝 보여요.
4. 나비의 머리가 밖으로 나오기 시작해요.
5. 머리가 다 나오고 점점 몸이 나와요.

6 나비의 가슴과 다리가 나와요.

7 몸이 모두 나왔지만 날개가 쭈글쭈글해요.

8 날개가 조금씩 펴지기 시작해요.

9 날개가 점점 펴져요.

10 날개가 펴지면서 날개 크기도 커져요.

11 날개가 완전히 펴졌어요.

12 몸이 단단해지고 날개도 완전히 펴진 봄형 **호랑나비**(날개 편 길이 65~80mm) 여름형 호랑나비보다 작아요.

꽃밭 위의 호랑나비 한 쌍

호랑나비들이 아름다운 날개를 팔랑거리며 유채꽃밭에 날아왔어요. 그리고 유채꽃밭에서 꽃꿀을 빨고 있던 호랑나비 한 마리와 꽃밭에 날아온 호랑나비 한 마리가 함께 하늘로 날아오르지요. 이렇게 만난 호랑나비 수컷과 암컷은 꽃밭에 내려앉아 짝짓기를 해요. 3~5일 후, 호랑나비 암컷은 꽃밭 주변에 있는 산초나무에 동글동글하고 노란 알을 낳는답니다.

사이좋은 호랑나비 한 쌍이네!

① 유채꽃밭에 호랑나비들이 날아와요.

② 호랑나비 수컷이 꽃꿀을 빨고 있는 호랑나비 암컷에게 다가가요.

③ 호랑나비 암컷과 수컷이 짝짓기를 해요.

④ 호랑나비 암컷이 산초나무의 잎에 알을 낳아요. 알에서 깨어난 애벌레는 산초나무의 잎을 먹고 자라요.

보석 같은 알, 괴물 같은 애벌레

왜 내가 괴물이야?

곤충의 알은 대부분 1~2㎜ 크기로 아주 작아요. 곤충의 알을 확대경으로 보면 색깔과 무늬가 아름다워 마치 보석을 보는 듯해요. 이 작은 알에 생명이 들어 있다니 참 신기합니다.
노랑나비 알에서 애벌레가 깨어나고 있어요. 애벌레는 몸에 흰 털이 숭숭 나 있는 것이 조금 징그럽기도 해요. 풀숲에는 뱀처럼 생긴 애벌레도 살고, 몸에 가시가 달린 애벌레도 살지요. 종류에 따라 모습이 다른 곤충의 알과 애벌레를 살펴볼까요?

● 확대경으로 본 곤충의 알 ●

① 갓 낳은 노랑나비 알

② 낳은 지 2일이 지난 노랑나비 알

알에서 나오는 노랑나비 애벌레

풀잎 위의 부처나비 알

노랑뿔잠자리 알

•확대경으로 본 곤충의 애벌레•

청띠신선나비 애벌레

수노랑나비 애벌레

호랑나비 5령 애벌레

제비나비 애벌레

산호랑나비 애벌레

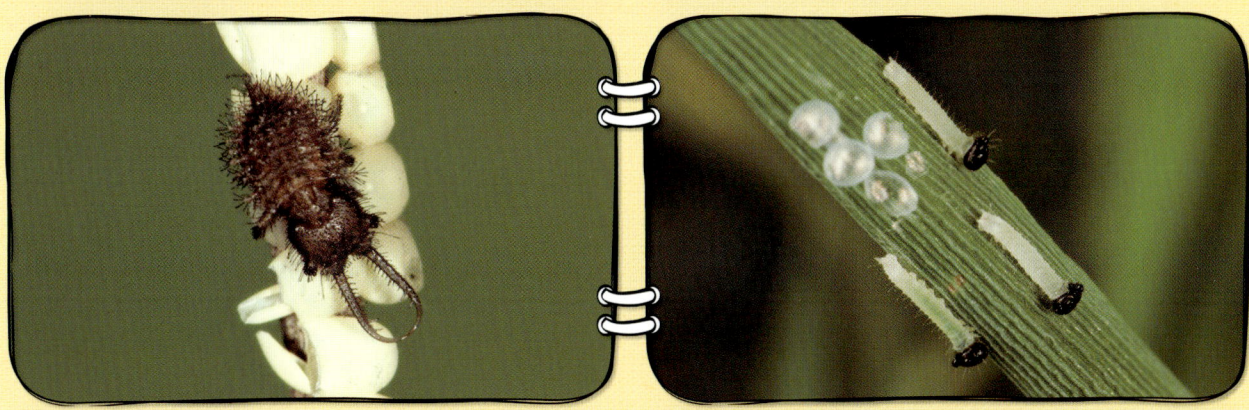

노랑뿔잠자리 애벌레

부처나비 애벌레

무당벌레 애벌레

뒷검은푸른쐐기나방 애벌레

봄

새싹처럼 태어나는 벼메뚜기

따뜻한 봄볕이 내리 쬐면 땅속에 있던 벼메뚜기 알에서 애벌레가 깨어납니다. 깨어난 애벌레는 있는 힘을 다해 흙을 헤치고 땅 위로 올라오지요. 마치 새싹이 땅 위로 고개를 내밀 듯이 말이에요. 벼메뚜기 애벌레는 주변의 풀잎을 먹으며 자라나 허물을 벗고 성충이 된답니다.

야호~! 봄이다, 봄!

• 벼메뚜기 애벌레의 탄생 •

벼메뚜기 애벌레가 땅 위로 머리를 내밀어요.

허물을 벗으며 땅 위로 나오기 시작해요.

머리, 가슴, 앞다리가 나왔어요.

드디어 세상 밖으로 나오는 데 성공!

벼메뚜기 애벌레는 풀숲에서 풀잎을 먹으며 살아요.

땅속에 있던 벼메뚜기 알집

풀숲에서 이슬을 맞는
벼메뚜기 애벌레

고마운 곤충, 무당벌레

봄

무당벌레가 빨간 앞날개(딱지날개)를 펴고 장미꽃밭에 날아옵니다. 날개와 다리를 쫙 펴고 나는 무당벌레의 모습은 정말 멋지지요. 무당벌레는 꽃봉오리와 새순, 농작물을 괴롭히는 진딧물이 있는 곳이면 어디든지 날아가 잡아먹어요. 진딧물을 잡아먹는 고마운 곤충인 무당벌레를 관찰해 볼까요?

진딧물이 세상에서 제일 맛있어!

빨간 앞날개를 펴고 날아온
칠성무당벌레

진딧물을 잡아먹는 **무당벌레 애벌레**

무당벌레가 좋아하는 **진딧물**

아! 따뜻해. 낮잠이나 자 볼까?

꽃봉오리를 괴롭히는
진딧물을 잡아먹는
칠성무당벌레

무당벌레는 왜 죽은 척할까요?

개미가 진딧물을 잡아먹으려고 다가오는 무당벌레를 쫓아내고 있어요. 개미는 진딧물의 꽁무니에서 나오는 달콤한 단물을 먹으려고 무당벌레를 쫓아내는 거예요. 진딧물을 잡아먹으려는 무당벌레가 나타나면 개미는 날카로운 턱으로 무당벌레를 공격합니다. 공격을 당한 무당벌레는 바닥에 떨어져 몸이 뒤집힌 채 꼼짝도 하지 않지요. 무당벌레는 위험에 처하면 죽은 척하는 버릇이 있기 때문이랍니다.

① 진딧물의 꽁무니에서 나오는 단물을 개미가 먹고 있어요.

② 칠성무당벌레가 진딧물을 잡아먹으려고 나타났어요.

③ 칠성무당벌레에게 개미가 다가가요.

④ 칠성무당벌레를 개미가 날카로운 턱으로 공격해요.

바닥에 떨어져 죽은 척하는 칠성무당벌레

주위가 조용해지면 뒷날개를 활짝 펼쳐요.

펼친 날개를 움직여 몸을 뒤집고 있어요.

몸을 완전히 뒤집었어요.

뒷날개를 앞날개(딱지날개) 속에 넣고 다시 활동을 시작해요.

오호! 다시 살아났잖아?

봄

봄꽃에 날아든 나비들

달콤해~.
이 꿀 정말 맛있지?

노랑나비, 흰나비, 호랑나비, 제비나비…….
꽃밭 위를 날아다니는 나비의 날개는 마치 예쁜 꽃잎 같아요. 따사로운 봄 햇살까지 더하면 눈이 부실 정도로 아름답지요. 나풀나풀 날갯짓을 하는 나비의 날개 색깔과 무늬는 매우 다양해요. 봄의 들판으로 나가 예쁜 나비들을 만나 볼까요?

암먹부전나비
(날개 편 길이 32~42mm)
산과 들의 풀밭에서 꽃의 꿀을 빨아요.

배추흰나비 마을 주변의 배추밭, 무밭, 풀밭 등에서 살아요.
(날개 편 길이 45~65mm)

애호랑나비 이른 봄에 나타나서 진달래, 민들레 꽃의 꿀을 빨아요.
(날개 편 길이 47~52mm)

남방노랑나비 주로 남쪽 지방의 산길이나 풀밭에 살아요.
(날개 편 길이 40~50mm)

긴꼬리제비나비 울창한 산의 계곡 주변이나 산길에서 볼 수 있어요.
(날개 편 길이 80~120mm)

각시멧노랑나비 산지의 풀밭에서 볼 수 있어요.
(날개 편 길이 55~65mm)

멧팔랑나비 산지의 숲이나 풀밭, 산길에 살아요.
(날개 편 길이 36~42mm)

작은홍띠점박이푸른부전나비 논밭 주변이나 냇가의 풀밭을 날아다녀요.
(날개 편 길이 24~30mm)

작은주홍부전나비 개망초, 민들레, 쑥부쟁이 등 여러 꽃의 꿀을 빨아요.
(날개 편 길이 27~35mm)

노랑나비 마을 주변의 풀밭에서 흔히 볼 수 있어요.
(날개 편 길이 47~52mm)

갈구리나비 계곡 주변의 햇볕이 잘 드는 풀밭에 살아요.
(날개 편 길이 45~50mm)

붉은점모시나비 애벌레가 먹는 기린초가 난 곳에 살아요.
(날개 편 길이 65~75mm)

큰줄흰나비 마을 주변의 풀밭, 논밭에서 볼 수 있어요.
(날개 편 길이 55~65mm)

왕팔랑나비 낮은 산지의 숲 주변에서 볼 수 있어요.
(날개 편 길이 40~45mm)

돈무늬팔랑나비 산지의 풀밭, 논밭 주변의 풀밭에 살아요.
(날개 편 길이 32~38mm)

암끝검은표범나비 주로 남쪽 지방의 낮은 산지나 풀밭에 살아요.
(날개 편 길이 70~80mm)

큰주홍부전나비 암컷 주로 강둑이나 논밭 주변에 살아요.
(날개 편 길이 30~40mm)

큰주홍부전나비 수컷 주로 강둑이나 논밭 주변에 살아요.
(날개 편 길이 30~40mm)

부전나비 낮은 산의 풀밭이나 논밭 주변에서 볼 수 있어요.
(날개 편 길이 26~32mm)

제비나비
(날개 편 길이 80~135mm)
산지나 시골 마을 근처에서
쉽게 볼 수 있어요.

봄

연못가에서 태어나는 먹줄왕잠자리

화창한 봄날 아침, 연못 속에 살던 먹줄왕잠자리 애벌레가 부지런히 물풀 줄기를 기어올라요. 애벌레가 갑자기 멈춰 서더니 줄기를 꽉 잡고 허물을 벗기 시작하지요. 애벌레의 등이 갈라지면서 성충이 허물을 빠져나와요. 허물을 벗고 나온 먹줄왕잠자리는 날개도 펴고 배도 쭉 펴지요. 날개가 완전히 마르고 몸이 단단해지면 멋지게 하늘을 날 수 있어요. 먹줄왕잠자리의 날개돋이 과정은 보통 1시간 30분이 걸린답니다.

모두들, 왕의 말을 따르라!

먹줄왕잠자리가 날개돋이를 하고 있어요.

• 먹줄왕잠자리의 날개돋이 과정 •

1. 줄기를 잡고 힘을 주는 먹줄왕잠자리 애벌레
2. 애벌레의 등판이 찢어져요.
3. 허물이 벗겨지면서 머리와 가슴 부분이 나와요.

4. 다리를 완전히 빼내면 거꾸로 매달려 20여 분 동안 있어요.
5. 몸을 일으켜 배 부분을 빼내요.
6. 몸이 완전히 빠져나왔어요.

7. 날개와 배가 점점 커져요.
8. 날개가 투명해지고 배는 가늘어지고 색깔이 진해져요.
9. 몸이 단단해지고 날개를 활짝 편 먹줄왕잠자리 (몸길이 60~70mm)

봄

멋있는 집을 짓는 벌들

두 집 중에 어느 집이 더 멋있지?

봄이 오면 벌은 알을 낳아 키울 집을 지어요. 햇빛과 비, 천적의 공격을 피할 수 있는 안전한 곳에 집을 짓지요. 벌마다 집의 재료와 모양이 달라요. 점호리병벌은 진흙으로 집을 짓고, 쌍살벌은 나무를 긁어서 생긴 가루에 침을 섞어 집을 짓는답니다.

•벌들이 지은 다양한 집들•

햇빛과 비를 피할 수 있도록 나뭇잎 밑에 집을 지은 어리별쌍살벌 (몸길이 15mm 정도)

집을 지을 재료인 마른 나뭇가지를 긁어내는 등검정쌍살벌 (몸길이 19~26mm)

진흙으로 호리병 모양의 집을 만들고 있는 점호리병벌 (몸길이 11~13mm)

진흙으로 파이프(관) 모양의 집을 짓고 있는 줄무늬감탕벌 (몸길이 12~17mm)

집의 재료인
진흙 덩어리를 입에 물고 오는
점호리병벌

•다양한 곳에 집을 짓는 쌍살벌•

집의 재료로 쓸 문창호지를 뜯고 있는
쌍살벌

문창호지를
누가 뜯나
했더니!

사찰(절)에 사는 **쌍살벌**은
문창호지를 뜯어서 집을 지어요.

사찰의 지붕 기와 밑에 집을 지은 쌍살벌

사찰의 화단 옆 기와 밑에 집을 지은 쌍살벌

봄

정성껏 애벌레를 돌보는 쌍살벌

쌍살벌의 어미벌은 정성껏 애벌레를 키워요. 비가 내리면 어미벌은 벌집에 스며드는 물기를 입으로 빨아서 집 밖으로 뱉어 내지요. 집 안에 있는 애벌레를 보호하기 위해서예요.

집 안의 애벌레에게 날개로
부채질을 해 주는
쌍살벌의 어미벌

또 날씨가 더워지면 날개로 부채질을 해 집을 시원하게
만들거나 개울물을 입에 머금고 와 집을 적시기도 해요.
쌍살벌 애벌레들은 어미벌의 사랑을 받으며
무럭무럭 자라나 쌍살벌 성충이 된답니다.

우리 아가,
잘 자라렴!

집에 스며든 물기를 입으로 빨아 집 밖으로
뱉어 내는 쌍살벌의 어미벌

쌍살벌의 어미벌이 집 안의 알과
애벌레를 보살피고 있어요.

쌍살벌의 어미벌이 집에 가져갈
물을 입으로 빨고 있어요.

쌍살벌의 어미벌이 가져온 물로
더워진 집을 적셔요.

봄

용감한 푸토니뿔노린재

뽕나무에 사는 푸토니뿔노린재는 목숨을 걸고 알과 애벌레를 지키는 용감한 곤충입니다. 푸토니뿔노린재 암컷은 뽕나무의 잎에 알을 낳고, 그날부터 꼼짝 않고 알을 지켜요. 왕사마귀나 새 같은 무서운 천적이 나타나서 위협해도 절대로 도망가지 않고, 알에서 애벌레가 깨어난 후에도 애벌레 곁에서 꼼짝 않지요. 알과 애벌레를 지켜 내는 푸토니뿔노린재의 모성애는 정말 감동적이랍니다.

내 자식들은 내가 지킨다!
엄마~

짝짓기 하는
푸토니뿔노린재
(몸길이 7~10mm)

푸토니뿔노린재 암컷이 알을 낳고 있어요.

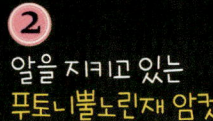

알을 지키고 있는 푸토니뿔노린재 암컷

푸토니뿔노린재 암컷은 알에서 깨어난 애벌레도 지켜요.

푸토니뿔노린재 애벌레가 혼자 움직일 정도로 자라자 어미는 어디론가 사라져요.

왕사마귀 형제들의 탄생

우리 형제들은 멋쟁이!

구름 한 점 없는 맑은 날 아침, 왕사마귀 알집에서 애벌레들이 삐죽삐죽 머리를 내밀어요. 하나의 알집에서 200~300마리가 태어나지요. 몸길이는 1㎝ 정도로, '전애벌레'라고 불러요. 알집에서 나온 전애벌레는 가는 실에 매달려 허물을 벗고 애벌레가 되지요. 애벌레의 생김새는 왕사마귀 성충을 닮았어요. 애벌레들은 몸이 굳어지면 뿔뿔이 흩어져 풀숲으로 간답니다.

왕사마귀 알집에서 빠져나오는 수많은 왕사마귀 전애벌레들

눈이 까맣고 큰 송사리처럼 생긴 전애벌레들

•왕사마귀 전애벌레의 허물벗기•

1. 알집에서 나온 **왕사마귀 전애벌레**가 가는 실에 매달려요.
2. 실에 매달려서 허물을 벗기 시작해요.
3. 허물에서 다리를 빼내요.

4. 드디어 **허물벗기**가 끝났어요.
5. **왕사마귀 애벌레**가 되어 걷기 시작해요.
6. 나뭇가지에 나란히 서서 몸이 굳기를 기다려요.

풀숲에서 활동을 시작한
왕사마귀 애벌레

왕사마귀 애벌레는 허물을 벗으며 자라나요.

봄

첨벙첨벙 물에 사는 곤충들

소금쟁이는 스케이트를 타는 것처럼 물 위를 미끄러지듯 걸어 다녀요. 물맴이는 물 위를 뱅글뱅글 돌지요. 물속에도 신기한 곤충이 많이 있어요. 물속에 사는 작은 물고기나 곤충을 잡아먹는 물방개와 물속에서 가장 큰 물장군이 있지요. 물속을 천천히 걸어 다니고 사마귀를 꼭 닮은 게아재비도 있어요. 물자라 수컷처럼 알을 보호하기 위해 등에 알을 지고 다니는 재미난 곤충도 있답니다. 신기한 물속 곤충들을 만나 볼까요?

내 스케이팅 묘기 좀 볼래?

등빨간소금쟁이 (몸길이 11~12mm)
물 위를 미끄러지듯 걸어 다녀요.

물자라 (몸길이 17~20mm)
수컷은 암컷이 등에 낳은 알을 지고 다녀요.

송장헤엄치게 (몸길이 11~14mm)
배가 하늘로 향하도록 누워서 생활해요.

물땡땡이 (몸길이 33~40mm)
연못이나 논처럼 고인 물에 살아요.

물방개 (몸길이 35~40mm)
연못이나 웅덩이에 살아요.

애기물방개 (몸길이 12~13mm)
작은 벌레를 잡아먹으며 살아요.

게아재비(몸길이 40~45mm) 고인 물에 살며 생김새나 먹이를 먹는 모습이 사마귀 같아요.

물장군(몸길이 48~65mm)
물에 사는 곤충 가운데 가장 크고 힘이 세요.

검정물방개(몸길이 23~24mm)
작은 물고기나 곤충을 잡아먹으며 살아요.

물맴이(몸길이 6~7mm)
연못이나 웅덩이에서 물 위를 뱅글뱅글 맴돌아요.

장구애비(몸길이 30~38mm) 낫 같이 생긴 앞다리로 작은 물고기나 올챙이를 잡아먹어요.

물달팽이나 다슬기를 잡아먹으며 사는
애반딧불이 애벌레

연못 속에 사는 왕잠자리 애벌레와 게아재비

왕잠자리 애벌레가 연못 속에서 작은 물고기를 잡아먹고 있어요.

배자바구미
(주둥이를 뺀 몸길이 9~10mm)
주둥이가 코끼리 코처럼 길어요.
적을 만나면 죽은 척해요.

봄처녀하루살이
(몸길이 10~15mm) 하루살이는
실제로 2~3일 정도 살고,
10일까지 사는 것도 있어요.

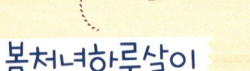

꽃벼룩
(몸길이 5~7mm)
엉겅퀴꽃, 찔레꽃 등의
꿀과 꽃가루를 먹어요.

호리꽃등에
(몸길이 8~11mm) 온갖 꽃의
꿀을 빨아 먹으며 살아요.

대모잠자리
(몸길이 38~43mm) 연못 주변을
날아다니며 살아요.

큰남생이잎벌레
(몸길이 7~8mm) 작살나무의 잎을
갉아 먹으며 살아요.

3 초여름에 만나는 곤충

날씨가 더워지면서 연두색 나뭇잎의 색깔이 점점 짙어지고 싱그러워져요. 산에서는 여왕개미가 짝짓기 비행을 다녀와 알을 낳고, 들판에 있는 쇠똥에는 쇠똥구리가 날아와 식사를 하지요. 시원한 계곡물에서는 새까만 검은물잠자리가 태어나 날아다니고, 산기슭의 논 주변에는 밤이 되면 반딧불이들이 나타나 불빛을 내요. 초여름에 활동하는 곤충들의 생활을 자세히 살펴볼까요?

풀잎에 앉아 불빛을 반짝이는 **애반딧불이**

초여름

예쁜 꽃 속에 숨은 게거미

산과 들에 핀 예쁜 꽃 속에는 먹이를 잡아먹으려는 게거미가 숨어 있어요. 그런데 그것도 모르고 꿀벌과 나비가 꽃에 앉아 정신없이 꿀을 빨고 있지요. 그때 꽃 속에 숨어 있던 게거미가 나타나 꿀을 빨고 있는 나비를 잽싸게 낚아채어 잡아먹어 버렸어요. 꽃에 앉아 꿀을 빠는 나비의 모습이 평화롭고 아름다워 보이지만, 자연 속에는 이러한 위험이 항상 도사리고 있답니다.

너무 살쪘나? 못 숨겠어.

꽃게거미가 알통다리하늘소붙이를 잡으려고 다가가요.

꽃게거미가 꿀을 빨러 온 배추흰나비를 잡아요.

불짜게거미가 개망초꽃에 날아온 등에를 잡아먹어요.

살받이게거미가 엉겅퀴꽃에 날아온 꿀벌을 잡아먹어요.

꿀을 빨러 온 꿀벌을 잡아
체액을 빨아 먹는
대륙게거미

초여름

숲 속의 재단사, 거위벌레

거위벌레 암컷이 나뭇잎으로 집을 짓기 시작해요. 날카로운 입으로 나뭇잎을 싹둑싹둑 잘라 내는 모습이 마치 사람이 가위로 종이를 자르는 것 같지요. 거위벌레는 잘라 낸 잎이 시들면 잎을 반으로 접어서 돌돌 만 뒤, 그 속에 알을 낳아요. 그리고 다시 잎을 말아서 알에서 깬 애벌레가 살 집을 만들지요. 숲 속의 재단사처럼 집을 짓는 거위벌레를 만나 볼까요?

①
집을 짓기 위해 나뭇잎에 날아온
단풍뿔거위벌레(몸길이 5~9mm)

② 단풍뿔거위벌레가 집을 짓기 위해 나뭇잎을 잘라요.

③ 잘라 낸 잎을 시들게 하기 위해 줄기를 잘라요.

④ 잎이 시들기를 기다리며 짝짓기를 하고 있어요.

⑤ 시든 잎을 돌돌 말아 그 속에 알을 낳아요.

⑥ 다시 잎을 말아요.

⑦ 단풍뿔거위벌레의 집이 완성되었어요.

새 왕국을 만드는 여왕개미

개미 왕국에 오신 걸 환영해요!

맑은 날 오후, 짝짓기 비행을 마친 여왕개미가 땅으로 내려와서 날개를 떼어 내고 굴을 파기 시작해요. 새로운 개미 왕국을 만들려고 하는 거예요. 여왕개미는 땅속에 작은 개미집을 짓고, 그곳에 알을 낳아요. 여왕개미의 보살핌 속에 알에서 애벌레가 깨어나지요. 애벌레는 자라서 애벌레가 살 집인 고치를 만들고 그 속에서 번데기가 되어요. 그리고 2주일이 지나면 고치에서 일개미가 태어나지요. 이렇게 일개미가 계속 태어나고 개미 왕국은 점점 커져 간답니다.

① 짝짓기 비행을 떠나는 일본왕개미의 여왕개미 (몸길이 17mm 정도)

짝짓기를 마친 여왕개미는 땅속에 집을 짓고, 그곳에 알을 낳아요.

③

알을 돌보는
일본왕개미의 여왕개미

④ **일개미 1~5령 애벌레의 모습이에요.**
(5령 애벌레 몸길이 6mm 정도)

⑤ **여왕개미가 고치를 찢어 일개미가 밖으로 나올 수 있게 도와줘요.**

⑥ **일개미가 고치에서 태어났어요.**

⑦ **일본왕개미의 집**

초여름

일개미들은 무슨 일을 할까요?

나는야, 부지런한 일개미!

새로 태어난 일개미에게는 여왕개미를 돌보는 일이 우선이에요. 여왕개미가 열심히 알을 낳을 수 있도록 여왕개미의 온몸을 깨끗이 핥아 주고, 여왕개미를 대신해서 알과 애벌레, 고치를 돌보지요. 일개미들은 집을 청소하거나 새로 방을 만들어 집을 넓히는 일도 하고, 집 밖으로 나가서 먹이를 구해 오는 일도 한답니다. 부지런히 일하는 일개미들의 모습을 관찰해 볼까요?

일본왕개미의 여왕개미에게 밖에서 구해 온 꽃꿀을 먹여 주는 일개미 (몸길이 7~13mm)

여왕개미는 꽤 큰걸?

몸집이 큰 일본왕개미의 여왕개미와 일개미들

알과 애벌레를 돌보는 일개미

애벌레와 고치를 돌보는 일개미

집에 들어온 다른 개미를 공격하는 일개미

새로운 방을 만들기 위해 흙을 파내는 일개미

초여름

밤하늘의 불빛 요정, 반딧불이

반딧불이 수컷이 꽁무니의 불빛을 반짝이며 계속 밤하늘을 날아다녀요. 그러다가 암컷의 불빛을 발견하면 반짝반짝 규칙적으로 불빛을 내어 암컷에게 신호를 보내요. 수컷의 불빛을 본 암컷은 수컷과 똑같은 빛을 내어 대답하지요.

애반딧불이 수컷과 암컷
수컷은 암컷보다 2배 정도 밝은 불빛을 내요.

곧 수컷은 풀잎에 앉아 있는 암컷 곁으로 날아와 서로 불빛을 반짝이다가 짝짓기를 해요. 이처럼 반딧불이는 불빛 신호로 대화를 나누는 곤충이랍니다.

애반딧불이는 6월 초순에서 7월 중순 사이에 논 주변의 풀숲에서 불빛을 내요.

애반딧불이들이 풀숲에서 불빛을 반짝여요. 밤 9~11시에 가장 활발하게 불빛을 내요.

애반딧불이의 발광기
수컷(왼쪽)은 2개의 마디에서 빛을 내고, 암컷(오른쪽)은 1개의 마디에서 빛을 내요.

짝짓기 하는 애반딧불이

초여름

반딧불이 알도 빛을 낼까요?

반딧불이는 알, 애벌레, 번데기 모두 불빛을 내요. 반딧불이 알이 내는 불빛은 아주 약해서 잘 보이지 않아요. 왜냐하면 알의 크기가 매우 작기 때문이지요. 반딧불이 애벌레가 내는 불빛은 눈으로 볼 수는 있지만 불빛의 크기가 아주 작아요. 반딧불이 번데기가 내는 불빛은 성충의 불빛처럼 크고 아름답지요. 반딧불이의 알, 애벌레, 번데기가 내는 불빛을 살펴볼까요?

나도 빛을 낼 수 있어.

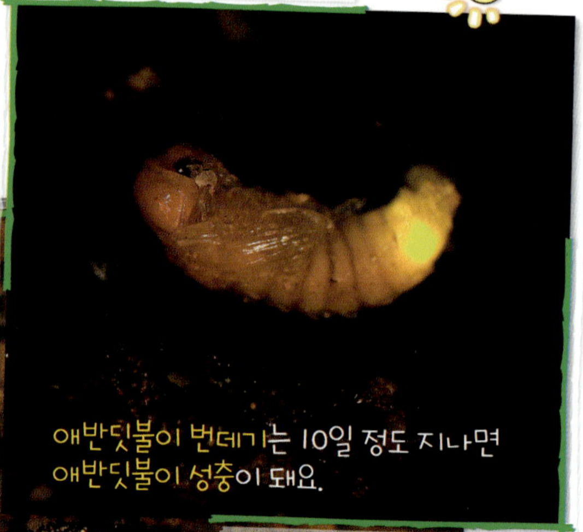

애반딧불이 번데기는 10일 정도 지나면 애반딧불이 성충이 돼요.

불빛을 내는 늦반딧불이 번데기

애반딧불이 번데기들이 흙고치 속에서 불빛을 내고 있어요.

이끼 위의 애반딧불이 알들이 불빛을 내고 있어요.

애반딧불이 알은 크기가 작기 때문에 불빛이 아주 약해요.

초여름 신기한 반딧불이 실험

중국 진나라 때 '차윤'이라는 선비가 살았어요. 이 선비는 너무 가난해서 호롱불을 밝힐 기름조차 살 수가 없었지요. 그래서 차윤은 초여름이 되면, 수십 마리의 반딧불이를 모아서 호롱에 넣고 그 빛으로 글을 읽었다고 해요. 이 이야기에서 비롯된 사자성어가 바로 '가난을 이겨내며 반딧불이의 불빛으로 글공부를 하여 공을 이룬다는 뜻'의 형설지공(螢雪之功)이랍니다.

선비님~, 어서 글을 읽으세요.

한 마리의 애반딧불이 불빛으로도 글씨가 또렷이 보여요.

애반딧불이를
수십 마리 모으면,
그 빛으로 책을 읽을 수도
있어요.

반짝반짝 예쁘다!

정말 반딧불이를 모아 그 빛으로
글을 읽을 수 있을까요?
사진으로 실험 결과를 만나 보아요.

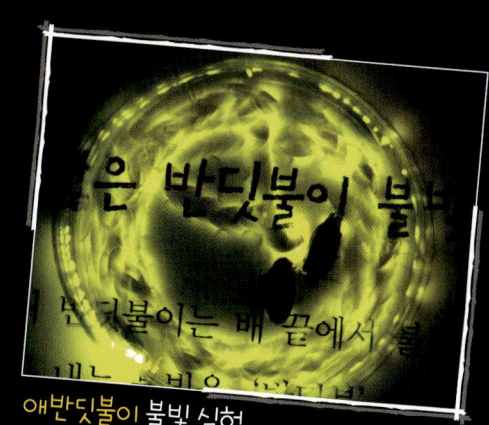

애반딧불이 불빛 실험

초여름

꿈틀꿈틀 초여름의 애벌레들

어? 얘는 왜 허물을 안 벗지?

초여름 아침, 풀숲에는 팔공산밑드리메뚜기 애벌레가 식물 줄기에 거꾸로 매달려 있어요. 애벌레가 온몸에 힘을 주자, 등의 껍질이 찢어지며 새로운 애벌레의 몸이 나오기 시작해요. 새로 태어난 애벌레는 몸이 조금 커졌어요. 이처럼 곤충의 애벌레는 여러 번 허물을 벗고 성충이 된답니다.

① **팔공산밑드리메뚜기 애벌레**의 머리와 가슴 부분이 빠져나와요.

② 애벌레의 다리 부분이 빠져나오기 시작해요.

③ 다리 부분이 모두 나오자, 배 부분이 빠져나와요.

④ 허물을 완전히 벗고 애벌레가 태어났어요.

삽사리메뚜기 애벌레가 허물을 벗고 나왔어요.

탄생 모습을 찍어야지. 찰칵~!

사마귀 애벌레가 허물을 벗고 있어요.

베짱이 애벌레가 허물을 벗고 있어요.

곤충들의 숨바꼭질

초여름

나뭇가지인 줄 알겠지?

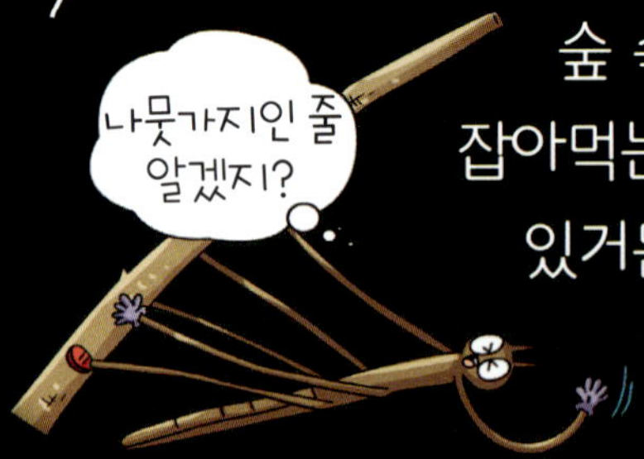

숲 속에는 곳곳에 위험이 도사리고 있어요. 곤충을 잡아먹는 새나 도마뱀 같은 동물들이 곤충을 노리고 있거든요. 그래서 곤충 중에는 강한 동물들로부터 자신을 보호하기 위해 위장술을 펼치는 곤충도 있어요. 위장술을 펼치는 곤충들은 생김새나 몸 색깔을 주변 환경과 비슷하게 바꿔 강한 동물들을 감쪽같이 속이지요. 나뭇가지, 낙엽, 가시 등으로 위장해 숲 속에 숨어 있는 곤충들을 찾아보아요.

풀잎에 매달려 모습을 숨긴 대벌레
(몸길이 70~100mm)

나뭇가지인 척하는 대벌레

나뭇가지를 흉내 내는 자벌레
(자나방의 애벌레)

몸의 색깔과 무늬가 나무껍질 같은
우리목하늘소(몸길이 24~35mm)

낙엽 속에 숨어 있는 으름밤나방
(날개 편 길이 95~100mm)

나무에 돋은 가시를 흉내 내고 있는
갈구리나비 번데기

쇳빛부전나비(날개 편 길이 25~30mm)
낙엽 사이에 있으면 쉽게 눈에 띄지 않아요.

영실회색가지나방(날개 편 길이 40mm 정도)
날개의 색깔과 무늬가 나무껍질을 닮았어요.

곁날개재주나방(날개 편 길이 35~40mm)
부러진 나뭇가지를 흉내 내고 있어요.

먹그림나비 번데기
마른 나뭇잎을 흉내 내고 있어요.

초여름
계곡에서 태어나는 검은물잠자리

어두컴컴한 새벽녘, 계곡물에 사는 검은물잠자리 애벌레가 물 밖으로 나갈 준비를 해요. 오늘은 날개돋이를 하는 중요한 날이지요. 애벌레는 물 밖으로 나와 물풀 줄기를 기어오르더니, 갑자기 줄기를 꽉 잡고 몸을 꿈틀대며 힘을 주어요. 그러자 애벌레의 등이 찢어지며 검은물잠자리가 태어나요. 이제 검은 날개를 팔랑이며 계곡을 날아다닐 거예요. 검은물잠자리는 태어난 장소 근처에서만 산답니다.

내가 태어난 곳이 좋아.

• 검은물잠자리의 날개돋이 •

1 계곡물 속에 있는 **검은물잠자리 애벌레**

2 계곡물 밖으로 나와 날개돋이를 하기 위해 자리를 잡아요.

3 등이 찢어지며 머리와 가슴 부분이 빠져나와요.

4 다리와 날개 부분이 빠져나와요.

5 배 부분도 빠져나오고 있어요.

⑥ 온몸이 다 빠져나왔어요.

⑦ 쭈글쭈글한 날개가 펴지기 시작해요.

⑧ 날개가 점점 펴져요.

⑨ 날개가 완전히 펴졌어요.

⑩ 배 부분이 길어지고 날개 색깔이 변하기 시작해요.

⑪ 날개 색깔이 검게 변해 가요.

⑫ 날개돋이를 끝낸 **검은물잠자리 성충**
(몸길이 60~62mm)
날개돋이 과정은 2시간 정도 걸려요.

초여름

하늘소가 모여 사는 아파트

목재소에 가면 쌓아 놓은 나무 위에서 여러 종류의 하늘소를 볼 수 있습니다. 목재소가 아니더라도 나무가 많이 쌓여 있는 곳에서는 하늘소들을 볼 수 있는데, 이 하늘소들은 모두 나무 속에서 태어났어요. 하늘소는 이곳에서 짝짓기도 하고, 나무 속에 알도 낳아요. 알에서 깨어난 애벌레는 나무 속에서 나무를 파먹으며 자라나지요. 목재소에 사는 다양한 하늘소와 하늘소의 이웃인 개미붙이를 만나 볼까요?

하늘소 아파트로 이사 와!

베어 낸 나무를 쌓아 놓은 목재소

털두꺼비하늘소(몸길이 19~25mm)
나무가 쌓여 있는 곳에서는 흔히 볼 수 있어요.

우리목하늘소(몸길이 24~35mm)
참나무가 쌓인 곳에서 볼 수 있어요.

소범하늘소(몸길이 11~16mm)
참나무가 쌓인 곳에서 짝짓기도 하고 알도 낳아요.

깨다시하늘소(몸길이 10~17mm) 죽은 나무에 살아요.

작은호랑하늘소 수컷과 암컷이 짝짓기를 해요.

작은소범하늘소(몸길이 10~18mm)
죽은 나무에 애벌레가 모여 살아요.

주홍삼나무하늘소(몸길이 7~17mm)
수컷과 암컷이 짝짓기를 해요.

작은호랑하늘소(몸길이 6~11mm)
나무 위를 빠르게 기어 다녀요.

개미붙이(몸길이 7~10mm) 나무 위를 빠르게 기어 다니면서 아주 작은 곤충을 잡아먹어요.

쇠똥을 먹고 사는 곤충들

초여름

농촌 들판에 소가 풀을 뜯어 먹고 간 자리에는 항상 쇠똥이 남아 있어요. 쇠똥을 보면 냄새가 난다고 피하지 말고 자세히 들여다보세요. 쇠똥을 맛있게 먹고 있는 작고 새까만 곤충들을 볼 수 있지요. 뿔쇠똥구리, 애기뿔쇠똥구리, 렌지쇠똥풍뎅이 모두 쇠똥을 먹고 살며 쇠똥 속에 알도 낳아요. 알에서 깨어난 쇠똥구리의 애벌레들도 쇠똥을 먹고 자라난답니다.

소가 남기고 간 쇠똥에 날아온 **뿔쇠똥구리** (몸길이 18~28mm)

땅속에 있는 뿔소똥구리 방이에요. 암컷이 알이 들어 있는 쇠똥 구슬을 지키고 있어요.

렌지소똥풍뎅이(몸길이 10~17mm) 쇠똥에 판 구멍 속에 들어가려고 해요.

뿔소똥구리 수컷이 쇠똥을 먹으러 왔어요.

초여름에 볼 수 있는 곤충들

나비잠자리
(몸길이 34~38mm)
나비처럼 생긴 잠자리로,
연못에 살아요.

큰넓적송장벌레
(몸길이 17~23mm)
동물의 시체나 배설물에
모여들어요.

풍뎅이
(몸길이 15~21mm)
산과 들에서 흔히 볼 수 있어요.

깜둥이창나방
(날개 편 길이 16~18mm)
낮에 활동하며, 꽃의 꿀을
빨아 먹어요.

어리호박벌
(몸길이 20mm 정도)
야산의 초원 지대에 살아요.

4 여름에 만나는 곤충

무더운 여름, 참나무 숲에 가면 장수풍뎅이, 사슴벌레, 하늘소, 장수말벌, 나비 등이 참나무에 붙어서 나뭇진을 먹는 모습을 볼 수 있어요. 나뭇진을 더 먹기 위해 긴 뿔과 큰턱을 맞대고 싸우는 장수풍뎅이와 사슴벌레의 모습도 볼 수 있지요. 여름은 더운 날씨를 좋아하는 곤충들에게 활동하기 좋은 계절이에요. 그래서 다른 계절보다 곤충을 더 많이 만날 수 있답니다.

참나무 숲에서 만난
넓적사슴벌레와
장수풍뎅이

장수풍뎅이와 사슴벌레의 날개돋이

참나무 숲에서 장수풍뎅이와 사슴벌레가 태어날 준비를 합니다. 썩은 낙엽 속에 있는 번데기 방에서 20일 동안 누워 있던 장수풍뎅이 번데기의 등이 갈라지면서 머리, 가슴, 배 부분이 빠져나와요. 썩은 참나무 속의 번데기 방에 누워 있던 사슴벌레 번데기도 허물을 벗기 시작하지요. 이런 날개돋이 과정을 3시간 정도 거친 번데기들은 멋진 장수풍뎅이 성충과 사슴벌레 성충이 될 거예요.

•장수풍뎅이의 날개돋이•

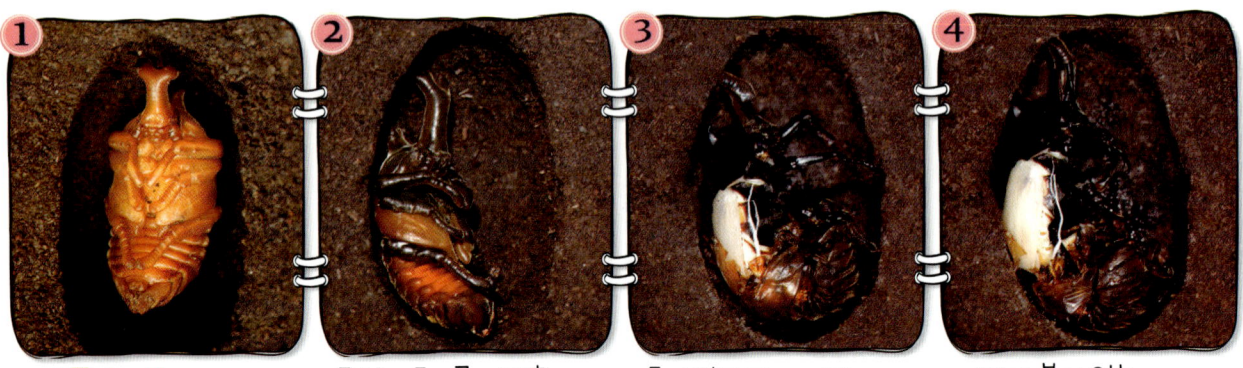

1. 장수풍뎅이 번데기
2. 곧 날개돋이를 시작할 거예요.
3. 등이 갈라지며 머리, 가슴, 배 부분이 나와요.
4. 다리에 붙어 있는 허물을 벗겨 내요.

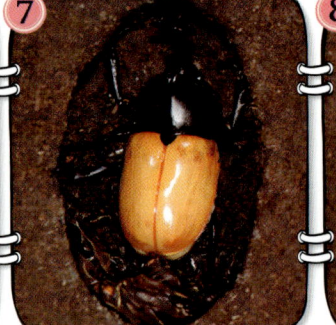

5. 허물을 거의 벗자 허물을 다리 밑으로 모아요.
6. 허물을 모두 벗고 뒷날개를 말려요.
7. 앞날개 색이 갈색으로 변하기 시작해요.
8. 몸 색이 진해진 장수풍뎅이 (몸길이 30~75mm)

• 넓적사슴벌레의 날개돋이 •

1. 넓적사슴벌레 번데기
2. 몸을 바로 세우고 날개돋이를 시작해요.
3. 등이 갈라지며 가슴이 나와요.

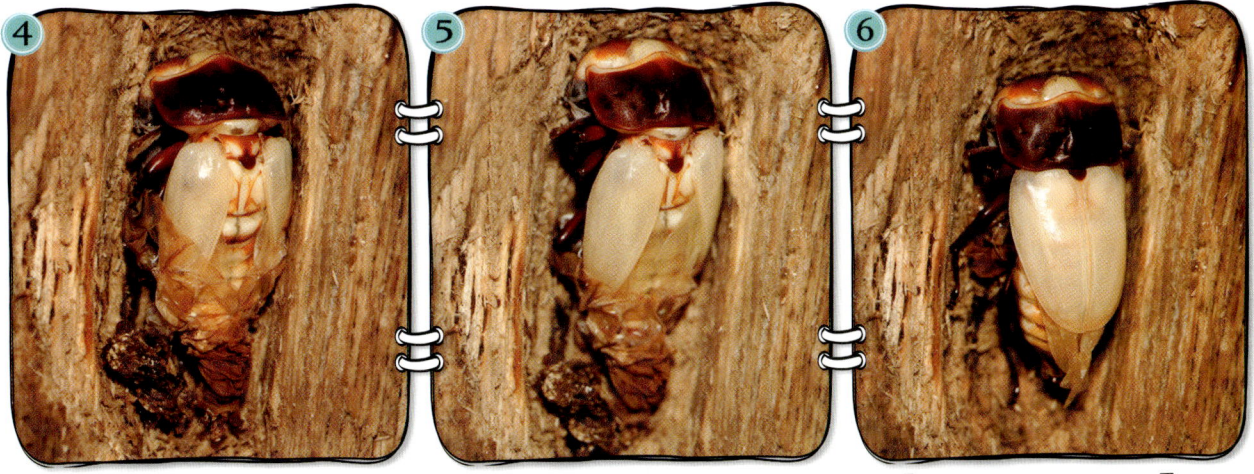

4. 머리와 앞날개가 나와요.
5. 허물을 거의 다 벗었어요.
6. 허물벗기가 끝나자, 뒷날개를 펴기 시작해요.

7. 뒷날개를 완전히 펴서 말려요.
8. 몸이 진한 갈색으로 변해요.
9. 몸이 단단해진 넓적사슴벌레 (몸길이 22~80mm)

여름
참나뭇진에 모이는 곤충들

햇살이 뜨거운 7월에는 참나무 숲에서 시큼한 참나무의 진 냄새가 나요. 참나무 줄기에서 흘러나오는 나뭇진은 곤충들이 좋아하는 먹이입니다. 낮에는 장수말벌, 황오색나비, 풍이, 흰점박이꽃무지 등이 나뭇진에 날아오고, 밤에는 장수풍뎅이, 사슴벌레, 하늘소, 주홍박각시 등이 나뭇진에 날아와 나뭇진을 먹어요. 나뭇진이 점점 줄어들면, 곤충들은 나뭇진을 더 먹기 위해 서로 싸우기도 한답니다.

사이좋게 나눠 먹어.

황오색나비가 긴 대롱처럼 생긴 입을 나뭇진에 꽂고 먹고 있어요.

먹그림나비가 아침에 나뭇진을 먹으러 왔어요. 어젯밤에 온 장수풍뎅이도 나뭇진을 먹고 있어요.

장수풍뎅이, 넓적사슴벌레, 톱사슴벌레가 나뭇진을 먹고 있어요.

말벌, 풍이, 흰점박이꽃무지가 나뭇진에 모였어요.

무서운 독침을 가진 장수말벌들도 나뭇진을 좋아해요.

밤이 되자, 하늘소가 나뭇진을 먹으러 왔어요.

날갯짓을 하며 대롱처럼 생긴 입으로
나뭇진을 먹는 **주홍박각시**
(날개 편 길이 42~50mm)

여름
장수풍뎅이와 사슴벌레의 대결

"나한테 한번 덤벼 봐!"

무더운 여름밤, 참나무의 진이 흐르는 곳에서 큰 뿔이 있는 장수풍뎅이와 큰턱이 있는 사슴벌레가 싸우고 있어요. 나뭇진을 더 많이 먹으려고 서로 싸우는 거예요. 곤충 세계의 코뿔소라고 불리는 장수풍뎅이가 큰 뿔을 밑으로 내리고 사슴벌레를 향해 돌진합니다. 사슴벌레는 집게처럼 생긴 큰턱을 벌리며 장수풍뎅이에게 덤벼들지요. 그러나 사슴벌레는 장수풍뎅이의 큰 뿔에 받혀 나무 밑으로 떨어지고 말아요. 참나무 숲에서 가장 힘 센 곤충은 역시 장수풍뎅이였어요.

큰 뿔이 있는 장수풍뎅이 수컷
(몸길이 30~75mm)

큰턱이 있는 톱사슴벌레 수컷
(몸길이 25~70mm)

나뭇진을 먹으러 온 사슴벌레와 장수풍뎅이가 대결을 펼쳐요.

① 장수풍뎅이와 톱사슴벌레가 큰 뿔과 큰턱을 맞대고 대결을 벌이고 있어요.

② 장수풍뎅이가 큰 뿔로 톱사슴벌레를 받아 버리고 싸움에서 이겼어요.

여름

수컷 곤충들의 힘겨루기

사슴벌레 수컷과 암컷이 함께 참나뭇진을 먹고 있는데, 어디선가 또 다른 사슴벌레 수컷이 날아왔어요. 나뭇진을 먹고 있던 수컷은 새로 나타난 수컷을 향해 집게 같은 큰턱을 접었다 폈다 하며 공격을 시작하지요. 툭탁툭탁 밀었다 밀렸다 하며 수컷들의 힘겨루기 한판이 벌어졌어요. 수컷들은 나뭇진을 더 많이 먹으려고 싸우기도 하지만 암컷과 짝짓기를 하려고 다른 수컷을 쫓아내기 위해 싸우기도 한답니다.

누가 더 힘이 센지 붙어 보자!

① 넓적사슴벌레 수컷 (몸길이 22~80mm)
우리나라에 사는 사슴벌레 가운데 가장 커요.

② 톱사슴벌레 수컷 (몸길이 25~70mm)
큰턱의 생김새가 싸움을 잘하게 생겼어요.

③ 넓적사슴벌레 수컷과 톱사슴벌레 수컷이 큰턱을 맞대고 힘겨루기를 해요.

④ 톱사슴벌레의 큰턱에 넓적사슴벌레가 잡혔어요. 톱사슴벌레는 넓적사슴벌레를 나무 밑으로 던져요.

나뭇진이 흐르는 곳에서 장수풍뎅이 수컷들이 서로 암컷과 짝짓기를 하려고 싸움을 벌이고 있어요.

큰 뿔을 맞대고 벌이는 장수풍뎅이 수컷들의 대결에서는 언제나 덩치가 크고 힘이 센 수컷이 승리해요.

여름
이슬을 맞으며 잠자는 곤충들

이슬 이불은 포근해~!

무더운 여름날 새벽, 밤새 내린 이슬을 흠뻑 맞으며 곤충들이 깊은 잠에 빠져 있어요. 풀잎에도, 꽃잎에도, 잠자리의 날개에도, 칠성무당벌레의 몸에도, 나비의 날개에도 아침 이슬이 맺혀 있지요. 이슬을 맞으며 잠들어 있는 곤충들의 몸 위로 아침 햇살이 비추면 은가루를 뿌려 놓은 것처럼 반짝거려요.

따뜻한 햇살이 곤충들을 깨우면 곤충들은 온몸에 내린 이슬을 털어 내고 하루를 시작한답니다.

따뜻한 햇살에 몸을 말리고 있는 등검은실잠자리

아침 일찍 일어나서 짝짓기를 하고 있는 아시아실잠자리

밤새 내린 이슬을 맞으며 잠을 자고 있는 밑드리메뚜기

날개에 이슬을 흠뻑 맞고 잠을 자고 있는 부전나비

아침 이슬을 맞으며 잠을 자고 있는
칠성무당벌레

온몸에 이슬을 맞으며 잠을 자고 있는
고추좀잠자리들

여름
풀숲 사냥꾼, 왕사마귀

자, 사냥을 시작해 볼까?

왕사마귀가 날카로운 가시가 삐죽삐죽 나 있는 앞다리를 모은 채 백일홍꽃에 앉아 있어요. 이때 꿀벌 한 마리가 백일홍꽃에 날아와요. 왕사마귀는 사냥감인 꿀벌이 바로 눈앞에 와서 꿀을 빨 때까지 꼼짝 않고 기다렸다가 순식간에 앞다리로 꿀벌을 낚아채지요. 그리고 날카로운 입으로 꿀벌을 씹어 먹어요. 왕사마귀는 이렇게 훌륭한 사냥 솜씨를 이용해 나비, 매미, 메뚜기, 벌 등을 잡아먹는답니다.

꿀벌이 다가올 때까지
기다리는 왕사마귀
(몸길이 70~95mm)

사냥한 꿀벌을 먹고 있는
왕사마귀 수컷

① 왕사마귀가 톱니 모양의 가시가 박혀 있는 앞다리를 치켜들고 사냥감을 기다리고 있어요.

② 왕사마귀가 은점표범나비를 사냥했어요. 나비의 몸통은 먹고, 날개와 다리는 먹지 않아요.

① 왕사마귀가 풀잎에 앉아 잠을 자고 있는 벼메뚜기를 사냥하기 위해 다가가고 있어요.

② 왕사마귀가 벼메뚜기 사냥에 성공했어요.

왕사마귀의 겹눈은 낮에는 초록색이었다가 밤에는 검은색으로 변해요. 왕사마귀는 검게 변한 눈으로 밤에도 잘 볼 수 있어요.

참매미의 날개돋이

여름

해 질 무렵, 참나무 아래에서 바스락바스락하는 소리가 들리더니 땅속에서 참매미 애벌레가 머리를 내밀어요. 땅 위로 기어 나온 참매미 애벌레는 나무로 올라가서 자리를 잡고 날개돋이를 시작하지요. 애벌레의 등이 툭 하고 갈라지며 천천히 참매미가 빠져나와요. 참매미 애벌레가 허물을 벗고 멋진 날개를 가진 성충이 되는 날개돋이 과정은 2시간 정도 걸리지요. 나무들이 우거진 숲에서 벌어지는 참매미의 날개돋이 장면은 정말 신비로워요.

• 참매미의 날개돋이 •

① 나무로 올라온 참매미 애벌레
② 등이 갈라졌어요.
③ 몸통 부분이 나오고 있어요.
④ 앞다리와 날개가 완전히 나왔어요.
⑤ 배 부분이 나왔어요.
⑥ 온몸이 허물 밖으로 빠져나왔어요.

⑦ 접혀 있던 날개가 조금씩 펴지기 시작해요.

⑧ 날개가 완전히 펴졌어요.

⑨ 날개돋이가 끝나고 4~8시간 지나면 완전한 참매미의 모습이 되어요.

인적이 드문 늦은 시간에 날개돋이를 마친 참매미
(몸길이 30~35mm)

여름

모기는 왜 피를 빨까요?

무더운 여름밤에 나타나서 우리를 괴롭히는 곤충이 있어요. 바로 피를 빨아 먹고 병을 옮기는 모기예요. 이렇게 사람이나 동물의 피를 빨아 먹는 모기는 모두 암컷이지요. 수컷은 과일이나 풀 줄기의 즙을 빨아 먹고 살아요. 암컷 모기가 피를 빨아 먹는 이유는 배 속에 있는 알이 자라는 데 필요한 영양분을 얻기 위해서입니다. 짝짓기를 마치고 동물의 피를 빨아 영양분을 얻은 암컷은 4~5일 뒤 물웅덩이에 100여 개의 알을 낳아요. 모기는 물속에서 알, 애벌레, 번데기의 과정을 보낸 후에 성충이 된답니다.

배고파~. 어서 피를 먹어야지.

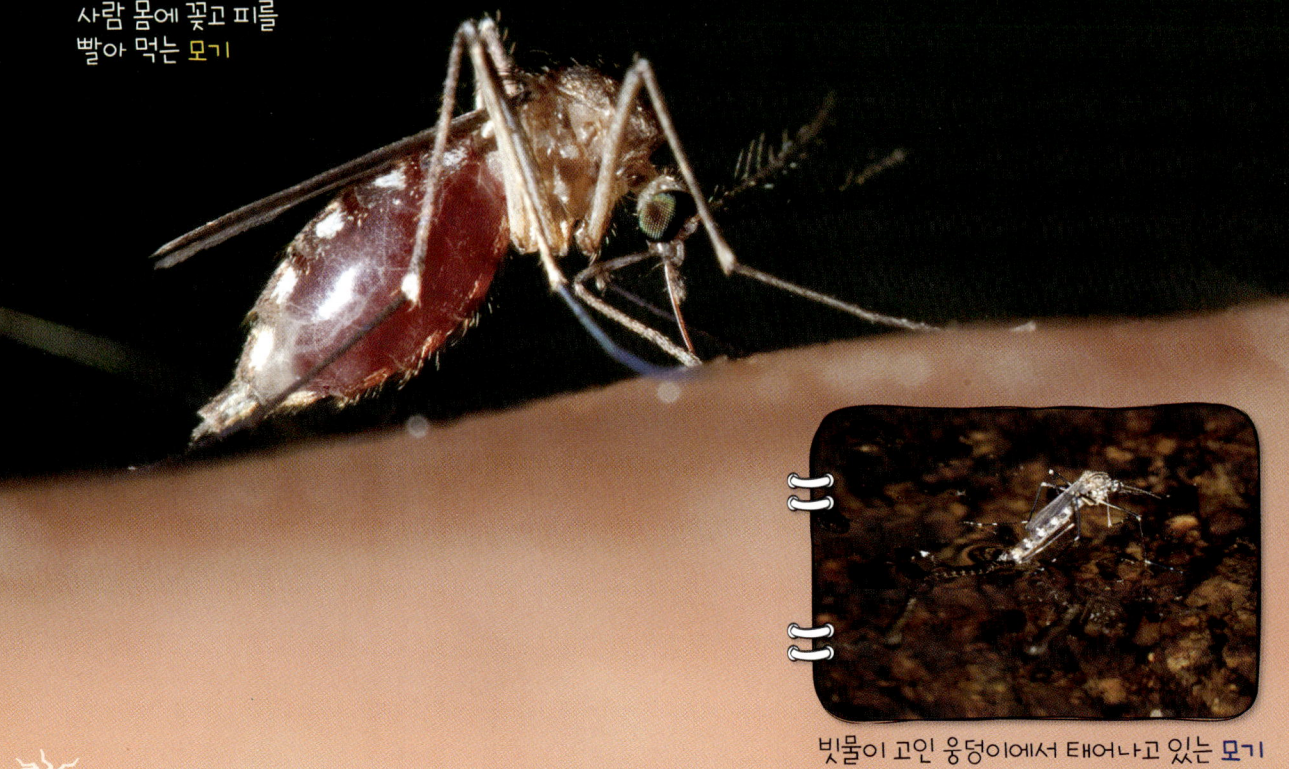

침처럼 생긴 입을 사람 몸에 꽂고 피를 빨아 먹는 모기

빗물이 고인 웅덩이에서 태어나고 있는 모기

물 위에 내려앉아 알을 낳고 있는 모기 암컷

모기의 애벌레인 장구벌레와 모기 번데기는 물속에 살아요. 장구벌레는 숨을 쉬는 숨관이 꽁무니에 있어서 물속에서 거꾸로 서서 살아요.

멋진 사진을 찍을 테야!

•빨간집모기의 날개돋이•

① 캄캄한 밤, 물에 떠 있는 빨간집모기 번데기에서 모기의 머리와 가슴, 날개 부분이 빠져나와요.

② 다리와 배 부분이 빠져나와요.

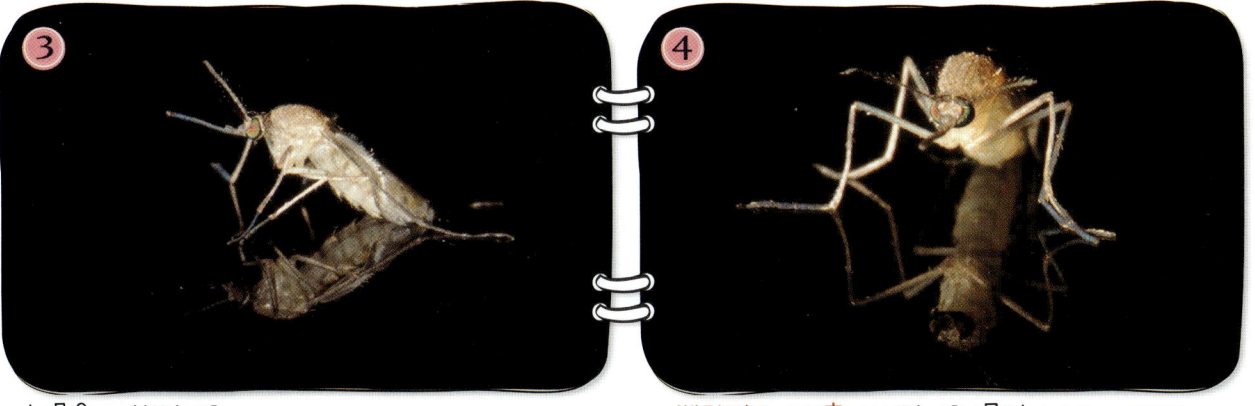

③ 허물을 다 벗었어요.

④ 빨간집모기 성충이 되었어요. (몸길이 4.5mm 정도)

여름

개미지옥의 염라대왕, 개미귀신

산길을 가다 보면 마른 흙이나 모래가 있는 곳에 옴폭 파인 작은 구덩이들이 있어요. 이 구덩이들은 개미귀신의 집인 개미지옥이지요. 개미지옥에는 톱날 모양의 큰턱을 가진 개미귀신이 먹잇감을 기다리며 숨어 있어요. 개미가 그 구덩이 옆을 지나가다 미끄러져서 구덩이 안으로 떨어지면 그대로 개미귀신의 밥이 되고 말아요. 이름이 개미귀신이라고 해서 개미만 잡아먹는 것은 아니에요. 곤충의 애벌레나 무당벌레, 거미 등도 개미귀신의 밥이지요. 명주잠자리의 애벌레인 개미귀신은 몸길이 5~10㎜로 아주 작아요.

배고파~. 아무라도 빨리 떨어져라!

털이 난 얼굴과 날카로운 가시들이 난 큰턱이 무시무시한 개미귀신

둥글게 생긴 명주잠자리 고치에서 명주잠자리가 태어났어요. 개미귀신은 이 고치 속에서 번데기가 돼요.

명주잠자리(몸길이 35mm 정도)
어두워지면 풀숲을 날아다니며 먹이를 잡아먹어요.

산길 옆 바위 밑에 개미귀신이 파 놓은 개미지옥들

흙 밖으로 큰턱을 내밀어 개미를 사냥하는 개미귀신

흙 속에 숨어 있는 개미귀신

여름
똥을 흉내 내는 곤충들

정말 똑같지?

숲 속에는 곤충들을 잡아먹는 무서운 동물들이 곳곳에 숨어 있어요. 그래서 곤충들 중에는 천적의 공격을 피하기 위해 똥의 모습을 하고 있는 곤충들이 있지요. 배자바구미는 천적인 새를 만나면 죽은 척하며 똥을 흉내 내요. 배자바구미의 몸은 검은 바탕에 하얀색이 뒤섞여 있어 정말 새똥처럼 생겼지요. 새는 배자바구미가 진짜 똥인 줄 알고 잡아먹지 않아요. 호랑나비의 2령 애벌레와 3령 애벌레도 새똥처럼 생겼어요. 배자바구미와 호랑나비 애벌레처럼 자신의 모습을 속이고 있는 곤충들을 만나 볼까요?

호랑나비 애벌레 | 호랑나비 2령 애벌레 | 호랑나비 3령 애벌레

배자바구미 | 사향제비나비 애벌레 | 날개 모습이 새똥처럼 보이는 줄노랑가지나방

가지나방류   새똥하늘소   광대노린재 애벌레

새똥 흉내를 내는
잠자리가지나방 애벌레

뒤영벌을 닮은 **어리대모꽃등에**

여름
벌을 흉내 내는 곤충들

벌 흉내 내는 너랑은 이제 안 놀아!

꿀벌이 꽃에서 꿀을 빨고 있어요. 그런데 자세히 보니 꿀벌이 아니라 꽃등에였지요. 꽃등에는 꿀벌을 닮았지만 파리의 한 종류로 독침이 없어요. 꽃등에는 꿀벌을 닮은 덕분에 적으로부터 자신을 보호할 수 있지요. 벌에 쏘여 본 적이 있는 동물이 벌과 닮은 꽃등에를 보면 피하기 때문이에요. 꽃에 날아다니며 꿀을 빠는 애기나방과 얼룩 줄무늬가 있는 포도유리나방도 독침을 가진 말벌을 닮은 덕분에 천적의 공격을 피할 수 있답니다. 독침이 있는 벌들과 벌을 닮은 곤충들을 만나 볼까요?

독침을 가진 꿀벌
(몸길이 12mm 정도)

독침이 있는 꿀벌을 닮은 꽃등에
(몸길이 14~15mm)

꿀벌처럼 생겼지만 독침이 없는
배짧은꽃등에 (몸길이 12mm 정도)

벌 가운데 가장 무서운 독침이 있는
말벌 (몸길이 21~29mm)

말벌과 비슷하게 생긴 애기나방
(날개 편 길이 21~29mm)

쌍살벌을 닮은 작은소범하늘소
(몸길이 10~13mm)

말벌과 비슷하게 생긴 소범하늘소
(몸길이 11~16mm)

말벌을 닮은 포도유리나방
(날개 편 길이 30~35mm)

검은 바탕에 노란색 무늬가
땅벌을 닮은 벌호랑하늘소
(몸길이 8~19mm)

여름

벼메뚜기의 날개돋이

야호~, 어른벌레가 됐다!

8월의 무더위 속에서 벼메뚜기 애벌레가 풀밭을 이리저리 돌아다녀요. 새나 왕사마귀 같은 천적을 피해 날개돋이를 할 장소를 찾는 거예요. 벼메뚜기 애벌레는 햇볕이 뜨겁지 않은 아침이나 밤에 풀잎에 거꾸로 매달려 날개돋이를 시작하지요. 한참 동안 온몸에 힘을 주더니, 등이 쫙 갈라지며 머리, 가슴, 배, 다리가 빠져나와요. 날개돋이를 마치면 멋진 날개가 달린 벼메뚜기 성충이 된답니다.

• 벼메뚜기의 날개돋이 •

① 늦은 밤, 벼메뚜기 애벌레가 풀잎에 거꾸로 매달려요.
② 몸에 힘을 주자, 등이 찢어지며 벼메뚜기가 나오기 시작해요.
③ 머리, 가슴 부분이 나오고 있어요.

④ 앞다리가 나오고 있어요.
⑤ 앞다리와 날개가 빠져나와요.
⑥ 거꾸로 매달린 상태로 잠시 쉬면서 앞다리가 굳어지기를 기다려요.

여름

곤충 사냥꾼, 파리매

"한 번만 살려 주세요!"

파리매는 사냥 솜씨가 뛰어난 곤충이에요. 곤충을 사냥하는 모습이 마치 하늘을 나는 매와 같다고 해서 '파리매'라는 이름이 붙었지요.

파리매는 공중을 빠르게 날아다니며 날카로운 다리로 먹잇감을 낚아챈 뒤 침처럼 생긴 입으로 먹잇감의 체액을 빨아 먹어요. 나비, 나방, 꿀벌, 풍뎅이, 노린재 등 자기보다 작은 곤충들을 닥치는 대로 잡아먹지요. 사냥 솜씨가 뛰어난 파리매는 곤충 세계의 무법자랍니다.

꽃에 꿀을 빨러 온 꿀벌을 사냥한 **파리매**
(몸길이 25~28mm)

침처럼 생긴 입으로 노린재의 체액을 빨고 있는 **왕파리매**
(몸길이 20~28mm)

나방을 사냥한 **검정파리매**
(몸길이 22~25mm)

왕파리매 한 쌍
짝짓기 하는 동안 암컷은 수컷이 잡아다 준 먹이를 먹어요.

작은 파리 종류를 사냥한 **파리매류**

여름

남의 집을 빼앗는 기생벌

곤충 중에는 남의 집에 알을 낳는 얌체같은 곤충이 있어요. 이런 곤충을 '기생 곤충'이라고 하지요. 육니청벌은 호리병벌의 집에 몰래 알을 낳아요. 호리병벌은 자기 집에 육니청벌이 알을 낳은 줄도 모르고 알에서 깨어난 육니청벌의 애벌레에게 먹이를 주지요. 육니청벌의 알은 호리병벌의 알보다 먼저 애벌레가 되어 집 안에 있는 알과 먹이를 모두 먹어 버린답니다.

눈치 안 보고 잘 지내렴.

집을 완성하기 위해 집의 재료인 진흙을 모으고 있는 호리병벌(몸길이 25~30mm)

호리병벌이 집에 없는 틈을 타서 호리병벌의 집에 알을 낳는 기생벌, 육니청벌(몸길이 9~13mm)

육니청벌이 집에 알을 낳은 줄도 모르고 진흙으로 집의 구멍을 막고 있는 호리병벌

완성된 호리병벌 집이에요. 하지만 집 안에는 육니청벌의 알도 있어요.

구멍 속의 띠호리병벌 집에 알을 낳으려고 살피고 있는 청벌류

호리병벌 집 안에서 자라나는 육니청벌

버섯이 된 곤충들

여름

이 한 몸 버섯 되어…

'동충하초(冬蟲夏草)'라는 말을 들어본 적이 있나요? 한자로 된 이 말을 풀이하면 '겨울에는 곤충, 여름에는 풀'이라는 뜻이에요. 동충하초 균은 겨울 동안 곤충의 몸에 기생하면서 영양분을 빼앗아 곤충을 죽게 하고, 여름이 되면 죽은 곤충의 몸에서 버섯으로 자라나지요. 참나무에서 자라나는 표고버섯이나 버드나무에서 자라나는 느타리버섯처럼 곤충의 몸에서 자라나는 신기한 버섯인 동충하초를 살펴볼까요?

벌에서 자라난 벌동충하초

노린재에서 자라난 노린재동충하초

계곡 옆의 그늘진 곳에서 자라나는 노린재동충하초

곤충의 번데기에서 자라난 눈꽃동충하초

누에 번데기에서 자라난 **눈꽃동충하초**

동전 크기만 한 **눈꽃동충하초**

누에 번데기에 동충하초 균을 넣어 **눈꽃동충하초**가 만들어지는 과정

여름

도토리거위벌레의 멋진 묘기

자, 이제 묘기를 시작해 볼까?

참나무 숲에서 도토리거위벌레가 멋진 묘기를 펼치고 있어요. 도토리 열매에 날아온 도토리거위벌레가 긴 주둥이로 도토리에 구멍을 뚫기 시작해요. 주둥이 끝에는 날카로운 이빨이 있어서 구멍 뚫기에 안성맞춤이지요. 구멍 뚫기에 성공한 도토리거위벌레는 구멍에 배 끝을 꽂아 알을 낳고, 알을 낳은 도토리가 달린 참나무 가지를 주둥이로 끊어 땅에 떨어뜨려요. 알에서 깨어난 애벌레는 도토리를 파 먹으며 자라다가, 가을이 되면 도토리에서 나와 땅속으로 들어가서는 겨울잠을 잔답니다.

도토리 열매에 날아온
도토리거위벌레(몸길이 7~11mm)

알을 낳기 위해 도토리에
구멍을 뚫어요.

뚫은 구멍에 배 끝을 꽂고
알을 낳아요.

가지를 잘라서 땅에 떨어뜨려요.

도토리 열매 속에 낳은
도토리거위벌레 알

도토리거위벌레 암컷과 수컷이
힘을 합해 참나무 가지를 잘라요.

팥중이
(몸길이 32~65mm) 풀밭과 산길, 강변 어디서나 볼 수 있어요.

말매미
(앞날개 길이 65mm 정도) 우리나라에 사는 매미 가운데 크기가 가장 커요.

콩중이
(몸길이 35~65mm) 들과 산의 잡초 지대에 살아요.

강변길앞잡이
(몸길이 15~17mm) 강가 모래사장에 살아요.

섬서구메뚜기
(몸길이 20~42mm) 논밭 주변이나 풀밭에 살아요.

소나무비단벌레
(몸길이 36~44mm) 소나무 숲에 살아요.

호랑꽃무지
(몸길이 8~13mm) 산에 피는 각종 꽃에 날아와요.

고마로브집게벌레
(몸길이 15~22mm)
참나무나 신갈나무 숲에 살아요.

주홍날개꽃매미
(날개 편 길이 40~50mm)
중국이나 열대 지방에서 들어와
농작물에 피해를 주는 해충이에요.

팔공산밑드리메뚜기
(몸길이 22~27mm)
날개가 퇴화된 메뚜기로
산길 옆의 숲에 살아요.

사슴벌레
(몸길이 40~68mm) 큰턱의
모양이 사슴뿔을 닮아서
사슴벌레란 이름이 붙었어요.

불개미붙이
(몸길이 14~18mm) 야산이나
풀밭에 핀 꽃에 날아와요.

여치
(몸길이 35~60mm) 들이나
야산의 풀밭에 살아요.

날개띠좀잠자리
(몸길이 32~36mm) 풀숲에서
쉽게 볼 수 있어요.

5 가을에 만나는 곤충

높고 파란 가을 하늘 아래 고추잠자리 떼가 날아다니고, 벼가 누렇게 익어 가는 논에는 메뚜기들이 이리저리 튀어 다녀요. 풀숲에 밤이 오면, 늦반딧불이들이 불빛을 내며 날아다니고, 풀벌레들의 울음소리가 점점 소란스러워지지요. 늦가을, 꽃밭에 날아 온 꼬리박각시는 추운 겨울을 대비해 열심히 꿀을 빨아요. 점점 깊어만 가는 가을이 지나면 곧 추운 겨울이 올 것을 아는 곤충들은 부지런히 겨울 준비를 한답니다.

공중에서 정지 비행을 하며 꿀을 빨고 있는
꼬리박각시

가을 하늘의 고추잠자리 떼

맑은 가을 하늘을 날아 볼까?

"윙윙윙윙 고추잠자리, 마당 위로 하나 가득 날으네~♪"
즐거운 노래처럼 가을 들녘에 고추잠자리들이 떼를 지어 날아다녀요. 고추잠자리 두 마리가 몸이 이어진 채로 비행을 하는 모습도 볼 수 있는데, 수컷과 암컷이 짝짓기를 할 장소를 찾고 있는 거예요.

들깃동잠자리는 암컷과 수컷이 연결되어 날아다니며 공중에서 알을 뿌려요. (몸길이 38~44mm)

수컷과 암컷은 함께 날아다니다가 풀이나 나뭇가지 위에 내려앉아 짝짓기를 해요. 짝짓기가 끝나면 암컷은 연못, 웅덩이, 논 등에 알을 낳지요. 잠자리 중 가을에 가장 많이 볼 수 있는 잠자리가 고추잠자리 종류예요. 그래서 사람들은 보통 고추잠자리, 고추좀잠자리, 들깃동잠자리 등 몸이 빨간 잠자리를 '고추잠자리'라고 부른답니다.

고추좀잠자리 한 쌍이 벼 이삭에 앉아 짝짓기를 해요. 배가 붉은 쪽이 수컷이에요. (몸길이 35~40mm)

배 부분이 붉은 들깃동잠자리 수컷

잘 익은 고추처럼 빨간 고추잠자리

백일홍꽃에 앉은 고추좀잠자리 수컷

백일홍꽃에 앉은 고추좀잠자리 암컷

가을

가을을 알리는 늦반딧불이

여름 방학이 끝나고 더위도 한풀 꺾이는 가을이 왔어요.
해가 지고 어두워지자, 산길 옆의 풀숲 위로 반딧불이들이
불빛을 반짝이며 날아다녀요. 불빛으로 가을이 오는 것을
알리는 늦반딧불이가 나타난 거예요.
우리가 보통 알고 있는 반딧불이는 초여름에 볼 수 있는
애반딧불이예요. 애반딧불이 애벌레는 물속에서 물달팽이와 다슬기를
먹으며 살고, 늦반딧불이 애벌레는 축축한 땅에서 달팽이를 먹고 산답니다.
  가을을 알리는 늦반딧불이를 만나 볼까요?

늦반딧불이 수컷은
초가을날 초저녁에
불빛을 내며 날아다녀요.
(몸길이 15~18mm)

늦반딧불이 수컷은 반딧불이 중 가장 크고 불빛도 강해요.

늦반딧불이 암컷과 수컷(위쪽)이 짝짓기를 해요.

늦반딧불이 암컷이 흙에 알을 낳아요. 암컷은 날개가 퇴화되어 날지 못해요.

늦반딧불이 애벌레가 달팽이를 먹고 있어요.

꽁무니에서 불빛을 내는 늦반딧불이 번데기

늦반딧불이 꿈 꿀래!

가을

톡톡 뛰어다니는 벼메뚜기

아, 바빠. 내 짝은 어딨지?

벼 이삭이 누렇게 익어 가는 10월이에요. 논두렁에 들어서니, 벼메뚜기들이 사방으로 '톡톡' 뛰어다녀요. 얼른 짝짓기도 해야 하고, 알도 낳아야 하기 때문에 바쁜가 봐요. 벼메뚜기의 짝짓기 모습은 무척 재미있어요. 수컷은 암컷보다 몸집이 훨씬 작아서 암컷 등에 올라 있으면 꼭 엄마 등에 업힌 아기 같지요. 짝짓기를 끝낸 암컷 벼메뚜기는 며칠 후 꽁무니를 땅속에 박고 알을 낳아요. 땅속에 낳은 알은 이듬해 봄에 애벌레로 태어난답니다.

벼메뚜기는 풀밭이나 논에서 이리저리 뛰어다녀요.

벼메뚜기는 벼의 잎을 먹고 살아요.
(몸길이 35~45mm)

벼메뚜기 수컷(위쪽)과 암컷이 짝짓기를 해요.

벼메뚜기 암컷은 꽁무니로 땅을 파서 거품과 함께 30개 정도의 알을 낳아요.

벼메뚜기가 호랑거미에게 잡혔어요.

가을
숲 속의 풀벌레 오케스트라

가을이 깊어 갈수록 풀숲에는 풀벌레들의 울음소리가 가득해요. '루루루 루루루', '쌕쌔기 쌕쌔기', '찌이 찌이'……. 마치 풀벌레들의 오케스트라 연주 같지요. 이렇게 아름다운 소리를 내며 우는 풀벌레들은 여러 종류의 노래를 불러요. 짝짓기를 하기 위해 수컷이 암컷을 향해 부르는 사랑의 노래, 적에게 자기의 영역을 알리는 경고의 노래 등 풀벌레들은 다양한 노래를 부른답니다.

오케스트라 단원 합격이다!

'루루루' 하며 우는 긴꼬리 (몸길이 12~16mm)

'쌕쌔기' 하고 우는 쌕쌔기 (몸길이 15~20mm)

베를 짜는 듯한 소리를 내는 베짱이 수컷 (몸길이 30~36mm)

'푸푸푸' 하며 우는 줄베짱이 수컷 (몸길이 35~37mm)

키 작은 나무의 잎이나 키 큰 풀잎에서 볼 수 있는 줄베짱이 암컷 (몸길이 35~37mm)

'찌지지' 하며 우는 날베짱이 (몸길이 45~44mm)

긴꼬리 암컷
긴꼬리는 들과 낮은 산의 풀밭에 살아요.

가을

귀뚜라미의 합창 연주회

가을밤, 풀숲에서 귀뚜라미들의 합창 연주회가 열렸어요. 왕귀뚜라미는 '뜨으르르르', 귀뚜라미는 '찌르르 찌르르' 하고 울어요. 이 울음소리는 한쪽 날개에 붙어 있는 오돌토돌한 돌기로 다른 날개를 비벼서 내는 소리입니다. 풀밭에서 우는 귀뚜라미는 모두 수컷이에요. 수컷 귀뚜라미가 아름다운 울음소리로 암컷 귀뚜라미를 부르면 암컷은 앞다리에 있는 귀로 수컷의 소리를 듣고 찾아가 짝짓기를 한답니다.

나만 튀어 보이게 큰 소리로!

왕귀뚜라미가 울음을 울기 위해 날개를 폈어요.
(몸길이 26~32mm)

왕귀뚜라미가 날개를 서로 비벼서 울음소리를 내요.

왕귀뚜라미는 돌담, 장독대, 풀밭, 도시의 공원 등 어디서든지 살아요.

왕귀뚜라미 애벌레

모대가리귀뚜라미는 '찌찌찌찌' 하고 맑은 소리를 내요. (몸길이 18~20mm)

귀뚜라미과인 방울벌레는 땅 위에 살며 '링링' 하고 울어요. (몸길이 16~18mm)

방울벌레가 앞날개를 서로 비벼서 아름다운 울음소리를 내요.

가을 풀무치의 사랑 노래

풀무치에게 10월은 사랑의 계절이에요. 풀무치의 한살이 중 가장 아름답고 행복한 시절이라고 할 수 있지요. 산길 옆의 풀밭에 사는 풀무치 수컷이 짝짓기를 할 암컷을 찾아다녀요. 암컷을 만난 수컷은 큼직한 뒷다리로 날개를 비비며 소리 내어 사랑의 노래를 부르지요. 노래를 부르며 암컷에게 다가간 수컷은 암컷의 등 위로 올라가 한동안 업혀 다니다가 짝짓기를 한답니다.

내 사랑을 받아 주오~!

풀무치는 메뚜기과의 곤충 가운데 가장 커요. (몸길이 48~65mm)

풀무치 한 쌍이 짝짓기를 해요. 풀무치는 주변 색에 따라 갈색과 녹색으로 몸 색을 바꾸어 스스로를 보호해요.

풀무치 한 쌍이 짝짓기를 하고 있어요.

짝짓기를 하면서 풀무치를 잡아먹는 왕사마귀

땅속에 배를 넣고 알을 낳는 풀무치 암컷

가을

거품 속에 알을 낳는 왕사마귀

10월 초, 짝짓기를 마친 왕사마귀 암컷은 불룩해진 배를 이끌고 알 낳을 장소를 찾으러 다녀요. 바위 밑이나 돌 틈, 나뭇가지 등 알집을 만들기에 안전한 곳을 살피다가 장소가 정해지면 알을 낳기 시작하지요. 왕사마귀는 알을 낳을 때 꽁무니를 좌우로 바쁘게 움직여요. 꽁무니에서 나오는 끈끈한 액체를 휘저어 흰 거품을 만들고 그 속에 알을 낳기 때문이지요. 왕사마귀는 이런 알집을 만들기 시작하면 중간에 한 번도 쉬지 않고 2시간 정도 걸려 완성한답니다.

거품 속에 알을 낳자!

• 왕사마귀의 알 낳기 •

① 왕사마귀 암컷이 하얀 거품을 내며 알을 낳기 시작해요.

② 거품 만들기와 알 낳기를 되풀이해요.

③ 거품 속에 알을 낳을수록 알집이 점점 커져요.

④ 200개 정도의 알이 들어 있는 왕사마귀 알집

왕사마귀 암컷과 암컷 등에 올라 탄 수컷이 짝짓기를 해요.

왕사마귀 암컷이 돌 밑에 알을 낳았어요.

사마귀가 거꾸로 매달려 알을 낳고 있어요.

왕사마귀는 배 끝에서 나오는 끈끈한 액체를 휘저어 거품을 만들고 그 속에 알을 낳아요.

구릿대를 먹고 자라는
산호랑나비 애벌레

가을 산호랑나비 애벌레의 겨울 준비

빨리 허물을 벗어야 해.

가을 바람이 점점 차가워지자, 곤충들이 겨울나기 준비를 시작합니다. 나비, 꿀벌, 꽃등에는 꽃꿀을 충분히 먹고 영양분을 몸속에 쌓아 겨울을 지낼 준비를 해요. 산호랑나비의 애벌레는 구릿대 줄기에 몸을 매달고 허물을 벗지요. 산호랑나비는 허물을 벗고 번데기가 되어 겨울을 나기 때문이에요. 산호랑나비의 번데기는 추운 겨울이 지나고 이듬해 봄이 되면 화려한 나비로 변신한답니다. 산호랑나비 애벌레가 허물을 벗고 번데기가 되는 모습을 관찰해 볼까요?

•번데기로 변하는 과정•

1. 산호랑나비 애벌레
2. 산호랑나비 애벌레가 구릿대 줄기에 몸을 매달아요.
3. 애벌레의 등껍질이 찢어지며 번데기가 나오기 시작해요.

4. 껍질이 조금씩 찢어지며 번데기가 나와요.
5. 몸을 꿈틀대며 껍질을 벗어요.
6. 껍질을 거의 벗었어요.

7. 껍질을 뒤로 보낸 후 땅에 떨어뜨려요.
8. 애벌레가 번데기가 되었어요.
9. 번데기의 몸 색이 진해져요.

가을에 볼 수 있는 곤충들

십자무늬긴노린재
(몸길이 9~12mm)
산과 들의 농사를
지을 수 있는 곳에
살아요.

방아깨비
(몸길이 75mm 정도)
산과 들의 풀밭에 살아요.

검은다리실베짱이
(몸길이 25~30mm)
들과 야산의 풀밭에
살아요.

등검은메뚜기
(몸길이 30~40mm)
산과 들의 풀밭에 살아요.

애기좀잠자리
(몸길이 30~34mm) 논이나 연못에 알을 낳고, 풀숲을 날아다니며 살아요.

날개잠자리
(몸길이 50~55mm) 열대 지방에 사는 잠자리로, 우리나라 남부 지방에서 볼 수 있어요.

좁쌀메뚜기
(몸길이 4~5mm) 밭이나 산길 주변에 살아요.

이십팔점박이무당벌레
(몸길이 5~7mm) 가지나 감자 등의 농작물을 갉아 먹어요.

딱다기
(몸길이 25~45mm) 야산의 풀밭에 살아요.

알락꼽등이
(몸길이 20~25mm) 산기슭의 습기 많은 바위틈이나 동굴에 살아요.

중국별뚱보기생파리
(몸길이 8~12mm) 꽃에 날아와 꿀을 빨아요.

6 곤충의 겨울나기

흰 눈이 내리는 추운 겨울이에요.
눈 덮인 겨울 숲에는 찬바람만 불고 곤충은
보이지 않지요. 봄부터 가을까지 숲에서
활동하던 곤충들은 다 어디로 갔을까요?
곤충들은 추운 겨울을 나기 위해 겨울잠을 자고
있답니다. 겨울잠을 자는 장소나 모습은 곤충의
종류에 따라 달라요. 곤충들이 어떤 곳에서
어떤 모습으로 겨울잠을 자는지 궁금하지요?
따뜻한 봄을 기다리며 겨울잠에 빠져 있는
곤충들을 찾아 관찰해 보세요.

호랑나비 번데기
번데기의 색깔이 나무 색깔과 같아서
겨울잠을 자는 동안 새 같은 천적에게
쉽게 잡아먹히지 않아요.

알로 겨울을 나는 곤충들

조그마한 알의 모습으로 추운 겨울을 나는 곤충들이 있어요. 왕사마귀 알은 어미가 마련해 준 폭신하고 따뜻한 알집에 싸여 겨울잠을 자지요. 알집 없이 겨울을 나는 곤충의 알도 있어요. 메뚜기, 여치, 귀뚜라미 알은 추위를 피해 땅속에서 겨울을 나고, 암고운부전나비 알은 복숭아나무 가지 사이에 숨어서 겨울을 나지요. 알집이 없어도 알껍데기가 추위를 막아 주기 때문에 무사히 겨울을 보낼 수 있답니다.

땅속에 있는 팥중이 알집
팥중이는 메뚜기과의 곤충이며, 메뚜기도 사마귀처럼 거품 속에 알을 낳아요.

왕사마귀 알집

좀사마귀 알집

암고운부전나비 알
복숭아나무 가지 사이에서 겨울잠을 자요.

땅속에서 겨울잠을 자는 여치 알

땅속에서 겨울잠을 자는 풀무치 알

애벌레로 겨울을 나는 곤충들

참나무 숲의 썩은 나무토막을 잘라 보니, 그 속에 사슴벌레 애벌레가 겨울잠을 자고 있어요. 숲 속 낙엽이 쌓인 바닥에서는 장수풍뎅이 애벌레가 겨울잠을 자고, 팽나무 아래 쌓인 낙엽 속에서는 왕오색나비 애벌레가 겨울잠을 자고 있지요. 애벌레가 몹시 추울 것 같지만, 몸에서 추위를 막는 물질이 만들어지기 때문에 애벌레 상태로도 겨울을 보낼 수 있답니다. 겨울잠을 자고 있는 애벌레를 관찰해 볼까요?

썩은 나무토막 속에서 넓적사슴벌레 애벌레가 겨울잠을 자요.

썩은 낙엽 아래 흙 속에서 장수풍뎅이 애벌레가 겨울잠을 자요.

낙엽 속에서 겨울잠을 자고 있는 **광대노린재 애벌레**

겨울잠을 자는 **주머니나방 애벌레** 전통 비옷인 도롱이처럼 생긴 집에서 산다고 해서 **도롱이벌레**라고도 불러요.

노랑쐐기나방 애벌레가 고치 속에서 겨울잠을 자요.

낙엽 속에 숨었구나!

낙엽 속에서 겨울잠을 자고 있는 **왕오색나비 애벌레**

하얀 눈 속에서 추위를 견디고 있는
산호랑나비 번데기

눈밭에 있는 나무에서 겨울잠을 자는
호랑나비 번데기

겨울

번데기로 겨울을 나는 곤충들

아무도 알아보지 못할걸?

눈 덮인 나뭇가지에 매달려 겨울을 나고 있는 긴꼬리제비나비의 번데기를 발견했어요. 자기 몸 빛깔과 똑같은 색깔의 나뭇가지에 매달려 있어서 쉽게 눈에 띄지 않았지요. 먹이를 구하러 다니는 새들의 눈에 띄지 않게 위장술을 펼치고 있는 거예요. 겨울을 나는 곤충들에게 가장 중요한 일은 천적의 눈에 띄지 않고 살아남는 일이니까요. 놀라운 위장술을 펼치며 겨울을 보내는 번데기들을 찾아보아요.

엄청 잘 자네~!

나뭇가지에 매달려 겨울잠을 자는
먹그림나비 번데기

낙엽 속에서 겨울잠을 자고 있는
주홍박각시 번데기

나뭇가지에 매달려 겨울잠을 자는
사향제비나비 번데기

긴꼬리제비나비 번데기가
눈 쌓인 나뭇가지 아래에 있어요.

어른벌레로 겨울을 나는 곤충들

눈밭에 쌓인 낙엽 속에 무당벌레 수십 마리가 모여 겨울나기를 하고 있어요. 노린재는 죽은 고목(키 크고 오래된 나무) 속에서, 쌍살벌은 썩은 나무 속에서 겨울잠을 자지요. 어른벌레로 겨울잠을 자는 곤충들은 겨우내 먹지도 않고 움직이지도 않아서 마치 기절한 것처럼 보여요. 하지만 겨울잠을 자기 전 몸 안에 모아 놓은 양분을 쓰면서 자고 있기 때문에 기절한 것처럼 보여도 건강하게 겨울을 나고 있는 거예요.

풀 줄기에 앉아서 겨울잠을 자는 **묵은실잠자리**

마른 덤불 속에서 겨울잠을 자는 **네발나비**

낙엽 속이나 덤불 속에서 겨울잠을 자는 **뿔나비**

썩은 나무 속에서 겨울잠을 자는 **쌍살벌**

죽은 고목나무 껍질 속에서 겨울잠을 자는 **썩덩나무노린재**

낙엽 속에서 겨울잠을 자는 **남생이무당벌레**

낙엽 속에서 무리를 지어
겨울잠을 자는 무당벌레

사라져 가는 곤충 — 천연기념물

우리나라에는 천연기념물로 지정되어 법으로 보호를 받는 곤충이 4종 있어요. 장수하늘소, 비단벌레, 산굴뚝나비는 종류 자체를 천연기념물로 지정해 보호하고, 반딧불이는 반딧불이가 사는 전북 무주군의 특정 지역을 천연기념물로 지정해 보호하고 있지요. 천연기념물로 지정된 곤충들을 살펴보세요.

비단벌레는 천연기념물 제496호로, 곤충 중에서 가장 화려하고 아름다운 빛을 띠어요. (몸길이 35~45mm)

비단벌레 앞모습

장수하늘소는 천연기념물 제218호로, 경기도 포천시에 있는 광릉 숲에 살아요.

산굴뚝나비는 천연기념물 제458호로, 제주도 한라산의 1300m 이상 고지에서만 살아요.
(몸길이 수컷 66~100mm, 암컷 60~90mm)

• 천연기념물 322호로 지정된 반딧불이와 사는 곳 •

늦반딧불이는 전라북도 무주군 무풍면 금평리의 88올림픽 숲에 살아요. (몸길이 15~18mm)

운문산반딧불이는 전라북도 무주군 무주읍 가옥리의 가림마을에 살아요. (몸길이 10~14mm)

애반딧불이는 전라북도 무주군 설천면 장덕리 수한마을에 살아요. (몸길이 7~10mm)

반딧불이 사진은 내가 최고!

사라져 가는 곤충 – 멸종위기종

너희가 우리를 꼭 지켜 줘.

천연기념물로 지정된 곤충들 말고도 사라질 위기에 놓인 곤충들이 많이 있습니다. 환경부에서는 이러한 곤충들을 법으로 지정해 보호해요. 사라져 가는 곤충을 지키려고 시냇물 깨끗이 하기, 쓰레기 함부로 버리지 말기 등 자연 보호 운동도 여러 곳에서 일어나고 있지요. 우리 모두 자연을 살리는 일을 찾아 실천한다면 멋진 곤충들을 계속 만날 수 있을 거예요.

붉은점모시나비(날개 편 길이 65~75mm)
풀밭에서 살아요.

물장군(몸길이 48~65mm)
연못이나 저수지에 살며, 5~9월에 활동해요.

상제나비(날개 편 길이 62~70mm)
산의 나무숲이나 산길에서 볼 수 있었어요.

세계에서 가장 작은 잠자리, 꼬마잠자리 수컷(몸길이 17mm 정도) 농사를 짓지 않고 있는 논이나 습지에 살며, 5~8월에 활동해요.

정말 작고 귀엽군.

쌍꼬리부전나비 (날개 편 길이 28~32mm)
애벌레는 개미집에서 개미와 함께 살아요.

두점박이사슴벌레 (몸길이 수컷 38mm 정도)
제주도에서만 볼 수 있으며, 7~9월에 활동해요.

애기뿔쇠똥구리 (몸길이 14~16mm)
소를 풀어 키우는 곳에서만 4~10월에 볼 수 있어요.

멋조롱박딱정벌레 (몸길이 25~28mm)
깊은 산속에 살며, 5~9월에 활동해요.

큰자색호랑꽃무지 (몸길이 22~35mm)
여러 나무가 자라는 숲에 살며, 7~8월에 활동해요.

울도하늘소 (몸길이 14~30mm)
울릉도에 살며, 6~9월에 활동해요.

초등 교과 연계 내용

교과		본 책	
과목	단원	내용	쪽수
봄 1-1	2. 도란도란 봄 동산	2장 봄에 만나는 곤충	27p~65p
		일개미들은 무슨 일을 할까요?	76p~77p
여름 2-1	2. 초록이의 여름 여행	3장 초여름에 만나는 곤충	68p~99p
		4장 여름에 만나는 곤충	100p~137p
		장수풍뎅이와 사슴벌레의 날개돋이	102p~103p
		참매미의 날개돋이	114p~115p
		첨벙첨벙 물에 사는 곤충들	60p~63p
과학 3-1	3. 동물의 한살이	궁금한 곤충의 생김새	12p~13p
		신기한 곤충의 눈	16p~17p
		곤충은 어떻게 자랄까요?	22p~25p
		장수풍뎅이와 사슴벌레의 날개돋이	102p~103p
		왕사마귀 형제들의 탄생	58p~59p
		연못가에서 태어나는 먹줄왕잠자리	48p~49p
		암컷과 수컷은 어떻게 다를까요?	14p~15p
		1장 신기한 곤충의 세계	10p~11p
과학 5-2	2. 생물과 환경	무당벌레는 왜 죽은 척할까요?	42p~43p
		봄꽃에 날아든 나비들	44p~47p
		곤충들의 숨바꼭질	86p~89p
		똥을 흉내 내는 곤충들	120p~121p
		벌을 흉내 내는 곤충들	122p~123p

찾아보기

ㄱ

가시길쭉바구미 134p
가중나무고치나방 98p
가지나방류 121p
각시멧노랑나비 45p
갈구리나비 46p, 89p
강변길앞잡이 135p
개미 42p
개미귀신 118p, 119p
개미붙이 93p
검은다리실베짱이 12p, 156p
검은물잠자리 90p, 91p
검정물방개 62p
검정파리매 126p
게아재비 62p, 63p
겹날개재주나방 89p
고마로브집게벌레 136p
고추잠자리 97p, 141p
고추좀잠자리 111p, 141p
광대노린재 애벌레 121p, 165p
금테비단벌레 99p
긴꼬리 146p, 147p
긴꼬리제비나비 45p, 167p
긴날개여치 157p
길앞잡이 67p
깜둥이창나방 96p
깨다시하늘소 93p
꼬리박각시 139p
꼬마잠자리 97p, 173p
꽃게거미 70p
꽃등에 123p
꽃벼룩 66p
꽃잎사마귀 11p
꿀벌 27p, 123p
끝검은말매미충 67p

ㄴ

나비잠자리 96p
날개띠좀잠자리 17p, 136p
날개잠자리 159p
날베짱이 146p
남방노랑나비 45p

남색초원하늘소 67p
남생이무당벌레 65p, 168p
넓적사슴벌레 18p, 101p, 103p, 104p 108p, 164p
네발나비 64p, 168p
노란실잠자리 98p
노란허리잠자리 98p
노랑나비 32p, 45p
노랑무당벌레 17p
노랑배허리노린재 157p
노랑뿔잠자리 34p, 37p, 65p
노랑쐐기나방 애벌레 165p
노린재동충하초 130p
눈꽃동충하초 130p, 131p
늦반딧불이 80p, 142p, 143p, 171p

ㄷ

단풍뿔거위벌레 72p, 73p
달무리무당벌레 65p
담흑부전나비 알 35p
대륙게거미 71p
대모잠자리 66p
대벌레 86p, 87p
도토리거위벌레 132p, 133p
도토리밤바구미 158p
돈무늬팔랑나비 46p
된장잠자리 20p, 97p
두꺼비메뚜기 157p
두점박이사슴벌레 174p
뒷검은푸른쐐기나방 애벌레 37p
들깃동잠자리 140p, 141p
등검은메뚜기 156p
등검은실잠자리 110p
등검정쌍살벌 50p
등빨간소금쟁이 60p
딱다기 159p
땅강아지 158p

ㄹ

렌지쇠똥풍뎅이 95p
린네잎벌 67p

ㅁ

말매미 135p
말벌 104p, 123p
매부리 157p
먹그림나비 89p, 104p, 167p
먹줄왕잠자리 48p, 49p

멋쟁이딱정벌레 134p
멋조롱박딱정벌레 174p
멧팔랑나비 45p
명주잠자리 119p
모기 116p, 117p
모대가리귀뚜라미 149p
모메뚜기 158p
무늬소주홍하늘소 99p
무당벌레 20p, 37p, 40p, 65p, 137p, 169p
묵은실잠자리 168p
물땡땡이 61p
물맴이 62p
물방개 61p
물자라 60p
물장군 62p, 172p
밀잠자리 13p, 15p, 16p, 18p
밑드리메뚜기 110p

ㅂ

방아깨비 13p, 156p
방울벌레 149p
배자바구미 66p, 120p
배짧은꽃등에 123p
배추흰나비 22p, 23p, 45p
버들잎벌레 65p
벌동충하초 130p
벌호랑하늘소 123p
베짱이 85p, 146p
벼메뚜기 38p, 39p, 124p, 125p, 144p, 145p
봄산하늘소 64p
봄처녀하루살이 66p
부전나비 46p, 110p
부처나비 17p, 33p, 37p
불개미붙이 136p
불짜게거미 70p
붉은점모시나비 46p, 172p
비단벌레 170p
빨간집모기 117p
뿔나비 168p
뿔쇠똥구리 14p, 94p, 95p

ㅅ

사마귀 85p, 153p
사슴벌레 14p, 136p
사슴풍뎅이 98p
사시나무잎벌레 64p
사향제비나비 35p, 120p, 167p
산굴뚝나비 170p

산호랑나비 애벌레 37p, 154p, 155p
산호랑나비 번데기 155p, 166p
살받이게거미 70p
삽사리메뚜기 애벌레 85p
상아잎벌레 64p
상제나비 172p
상투벌레 158p
새똥하늘소 121p
섬서구메뚜기 135p
소나무비단벌레 135p
소범하늘소 92p, 123p
송장헤엄치게 61p
쇳빛부전나비 89p
수노랑나비 35p, 36p
십자무늬긴노린재 156p
쌍꼬리부전나비 174p
쌍살벌 52p, 53p, 54p, 55p, 168p
쌕쌔기 146p
썩덩나무노린재 168p

ㅇ

아시아실잠자리 110p
알락꼽등이 159p
알락수염노린재 67p
알락하늘소 13p
암고운부전나비 알 35p, 163p
암끝검은표범나비 46p
암먹부전나비 44p
애기나방 123p
애기물방개 61p
애기뿔쇠똥구리 174p
애기좀잠자리 159p
애반딧불이 62p, 69p, 78p, 79p, 80p, 81p 82p, 83p, 171p
애호랑나비 45p
어리대모꽃등에 122p
어리별쌍살벌 50p
어리장수잠자리 99p
어리호박벌 96p
여치 15p, 136p, 163p
연분홍실잠자리 137p
열점박이노린재 19p
영실회색가지나방 89p
옥색긴꼬리산누에나방 99p
왕거위벌레 97p
왕귀뚜라미 148p, 149p
왕사마귀 17p, 18p, 25p, 58p, 59p, 112p, 113p, 151p, 152p, 153p, 162p

왕사슴벌레 137p
왕오색나비 137p, 165p
왕잠자리 애벌레 63p
왕파리매 17p, 126p
왕팔랑나비 46p
우리목하늘소 87p, 92p
우엉바구미 18p
운문산반딧불이 171p
울도하늘소 174p
육니청벌 128p, 129p
육점박이범하늘소 134p
으름밤나방 17p, 88p
은판나비 137p
이십팔점박이무당벌레 159p
일본왕개미 74p, 75p, 76p 77p

ㅈ

자벌레 87p
작은멋쟁이나비 157p
작은소범하늘소 93p, 123p
작은주홍부전나비 45p
작은호랑하늘소 93p
작은홍띠점박이푸른부전나비 45p
잠자리가지나방 애벌레 121p
장구벌레 117p
장구애비 62p
장수각다귀 99p
장수말벌 13p, 104p
장수풍뎅이 15p, 21p, 24p, 101p, 102p, 104p, 106p, 107p, 109p, 164p
장수하늘소 170p
점박이꽃무지 97p
점호리병벌 50p, 51p
제비나비 12p, 36p, 47p
좀사마귀 158p, 162p
좁쌀메뚜기 159p
주머니나방 애벌레 165p
주홍날개꽃매미 136p
주홍박각시 105p, 167p
주홍삼나무하늘소 93p
줄노랑가지나방 120p
줄무늬감탕벌 50p
줄베짱이 146p
중간밀잠자리 67p
중국별뚱보기생파리 159p
진강도래 98p
진딧물 40p, 41p, 42p

ㅊ

참나무하늘소 97p
참매미 114p, 115p
참밑들이 99p
청띠신선나비 애벌레 36p
청벌류 129p
칠성무당벌레 40p, 41p, 42p, 43p, 111p
칠성풀잠자리붙이 98p

ㅋ

콩중이 135p
큰광대노린재 25p, 65p
큰남생이잎벌레 66p
큰넓적송장벌레 96p
큰자색호랑꽃무지 174p
큰주홍부전나비 15p, 46p
큰줄흰나비 35p, 46p

ㅌ

털두꺼비하늘소 92p
털매미 134p
톱사슴벌레 104p, 106p, 107p, 108p

ㅍ

파리매 126p, 127p
파리매류 127p
팔공산밑드리메뚜기 84p, 136p
팥중이 135p, 162p
포도유리나방 123p
푸토니뿔노린재 56p, 57p
풀무치 18p, 150p, 151p, 163p
풀색꽃무지 64p
풀색노린재 157p
풀잠자리 알 35p
풍뎅이 96p
풍이 104p

ㅎ

하늘소 104p
호랑꽃무지 135p
호랑나비 12p, 17p, 28p, 29p, 30p, 31p, 35p, 36p, 120p, 161p, 166p
호리꽃등에 20p, 66p
호리병벌 128p, 129p
황오색나비 104p
흰점박이꽃무지 104p

곤충을 만날 수 있는 곳

● 곤충 박물관·생태관

국립생물자원관 www.nibr.go.kr
국립과천과학관 www.sciencecenter.go.kr
국립생태원 www.nie.re.kr
예천곤충연구소&곤충생태원 www.ycg.kr/open.content/insect/
영월곤충박물관 www.insectarium.co.kr
천적생태과학관 www.천적생태과학관.net

● 곤충 축제

함평나비대축제 www.hampyeong.go.kr/butterfly/
무주반딧불축제 www.firefly.or.kr